おいしい発酵レシピ

いつもの台所に
麹のある暮らし

鈴木百合子
羽場こうじ茶屋「くらを」店主

朝日新聞出版

豪雪、米どころ、りんごの里に生まれて

仕事の合間に愛車を走らせ、少しだけ息抜きをする場所があります。誰にも教えていない私だけの秘密の場所。そこに立つと「私はお米がたくさんとれて、真っ赤なりんごがなる土地に生まれたんだな」って思います。お米とりんご、それはまさに私の大好きなもので、私の体を作ってくれるもの。そして、この里の景色を作っているもの。

十数年前に人生の大ピンチを迎えました。高校時代、私はスキー一筋、秋田を離れて就職したのもスポーツ関係の仕事で、ハードでしたが、しんどいというよりは猛烈に走っていました。体に不調を感じ、ある病気が見つかったのですが、いっこうによくならない。お医者さんに症状を訴えてもなかなか伝わらない。そしてやっぱりよくならない。悪循環のなかで私はすっかり寝込んでしまうほど落ちてしまいました。

夫が見るに見かねて「秋田に家族で帰ろう」と、自分も仕事を辞め、当時小学生だった息子を連れて、家族３人で実家のあ

る秋田に戻ったのです。正直その頃の記憶はあまりありません。

　実家に戻った私は、母が作ったきのこの味噌汁を口にします。味噌汁は私の体にじーんとしみ込んでいきました。私は息を吹き返したようでした。

「一杯の味噌汁」、私に必要なものはこれだったのだと確信しました。食べ物が体を作り、心を整える。それ以来、私は母の作る味噌汁と料理で心身ともに元気になりました。そしてあらためて、麹屋を営む両親の仕事が素晴らしいものだと思えたのです。現在、インスタグラムで「365日味噌汁計画」をアップしているのも、味噌汁の力を心底信じているからです。

　夫は両親の麹屋「羽場《はば》こうじ店」で働き始め、私も元気を取り戻し、「健康を作る仕事がしたい」と思うようになりました。日本人が昔から食してきたものの大切さ、この地に発酵文化が根づいた意味を守っていきたい——羽場こうじ茶屋「くらを」を始めた理由です。

　おかげさまでお店は2023年に10周年を迎えました。まだまだ途上ですが、私の信じている調味料、食材でお客さまに料理を作っていきたいと思っています。

　この本では、私が普段家で作っている料理をご紹介しました。家族に作る料理は目分量なので、レシピにするのはかなり苦労しましたが、どなたかのお役に立てればとてもうれしいです。着ているものや1日のスケジュールまで紹介し、少し恐れ多い気持ちもあるのですが、あの頃の私にも読んでほしいです。「私は元気で暮らしてるよ」と。

2024年5月吉日　鈴木百合子

目次

おいしい発酵レシピ
いつもの台所に麹のある暮らし

麹のレシピ

本書の表記について

- 大さじ1は15ml、小さじは5ml、1カップは200mlです。
- 火加減について明記していない場合は基本的に中火で加熱してください。
- 本書の料理に使っている味噌、塩麹、三五八、甘さけは、P22～29で作り方を紹介したものです。違う調味料を使う際は分量など加減してください。

麹と暮らす

秋田の食文化、受け継がれる麹造り

大正7（1918）年の創業以来、100年以上使われている院内石の石室。ここで環境を整え、麹が育ちます。

米どころ秋田では、どの家庭でも豊富にある米を麹に加工し、調味料や漬け物を作ってきました。曽祖父が創業した麹屋は長い冬をおいしく乗り越えるための台所の味方でした。今もその製法を受け継ぎ、麹を造っています。

穀物を麹に加工して調味料や漬け物に

「鈴木こうじ店」でなく、「羽《は》場《ば》こうじ店」なのは、このあたり一帯（羽場地区）の麹を造っていたことからです。曽祖父が始めた大正7年頃は、収穫した玄米や米、主食にならない割れた米や古米などが持ち込まれ、調味料や漬け物の材料の「麹」に加工するのが主な生業でした。祖父の代では味噌の委託加工が加わり、父は麹や味噌を商品化して販売するというように、時代とともに麹屋も少しずつ変化してきました。

変わらないのはその製法です。湿気を吸って湿気を出し、湿度を一定に保つと言われている院《いん》内石《ないいし》（秋田県南部の湯沢市院内地方で採れる石）で曽祖父が作った麹《こうじ》室《むろ》の「石室《いしむろ》」を今でも大切に使っています。

また、蒸し米を入れる小さい箱「麹蓋《こうじぶた》」は秋田杉、麹蓋にかぶせる「菰《こも》」はあきたこまちの藁で作っています。小さな麹蓋

「種切り（たねきり）」は夫の担当です。父から引き継いで1年。気の抜けない作業です。

「麹蓋」と呼ばれる秋田杉の小さな箱。この箱で麹菌を育てることで、質のよい麹が出来上がります。

に分けることで、麹菌が蒸し米によく育ち、はぜ込み（米粒の中心部に菌が育っていく程度のこと）のよい麹を造ることができます。出来上がりの姿は美しく、白い花がわっと咲いたようにも見え、降り立ての雪のようでもあります。

父から夫、息子へと受け継がれる麹造り

夫が父から麹造りのすべてを任されるようになって1年ほど経ちます。大学を終えた息子も加わり、今では父子で麹造りに励んでいます。夫はまったくの異業種からのスタート。「知らなかったことをゼロから知るのはおもしろいし、チャレンジできてありがたい」と言い、24時間麹のことが頭から離れることはありません。きつい仕事なので、息子はどう感じながら仕事をしているのかなと思いますが、朝早くから頑張っていて頼もしいです。

近年の流通の発達や発酵ブームの影響もあり、全国に麹をお届けできるようになりました。また、地元では麹の需要は通年あるため、麹造りはほぼ1年中行っています。

味噌や漬け物作りが盛んな秋から冬は特に忙しいですが、両親のアドバイスを受けながら、家族3人、そして従業員の皆さんと、心を込めて麹造りに励んでいます。

背中の文字は「麹」。「糀」でなく「麹」なのは、米だけでなく、麦や大豆のこうじも造るという心意気からです。

羽場こうじ店の米麹ができるまで

羽場こうじ店の麹は、大量生産できない麹蓋を使った昔ながらの製法です。手をかけて、気持ちを込めて、ていねいに造っています。米麹がどのようにできるかご紹介します。

出来立ての米麹。麹菌がしっかり育ち、美しい花が咲いています。

出来上がった麹を麹室から出す作業。約330箱の麹蓋をひたすら麹室から出し、冷やすために積み上げていきます。

日本の発酵食品に不可欠な麹

そもそも麹とは何でしょうか。米や麦、大豆などに麹菌をつけて育てたもので、味噌をはじめ日本の発酵食品を作るには欠かせないものです。

米麹造りの行程は、①洗米 ②蒸し ③種《たね》切《き》り（蒸し米に種《たね》麹《こうじ》をつける） ④環境を整える ⑤出《で》麹《こうじ》（麹室から麹を出す） という流れです。「種《たね》」とは種麹のことで、別名「もやし」とも言われます（菌が育つ様子、「芽を出す＝萌える」からきているという説も）。特に麹菌は「国菌《こっきん》」とも呼ばれ、日本人が選んで使い続けてきた菌。米麹からできる発酵食品が日本独自なのはそのためです。

種切りは非常に繊細な作業で、蒸した後、人肌程度に冷やした米に、一定量の種麹を正確にふっていきます。季節や気温によ

〔蒸し〕1日250kgの米を2回蒸します。麹屋は湯気と熱気に包まれます。蒸し米はこの後、人肌まで冷やします。

〔種切り〕指先で蒸し米が冷えているかも確認しながら、種麹をつけていきます。季節や気温で種麹の量を調整します。

〔出麹〕麹室から出す際は、菰（こも）の藁がついていないか、異物がないかなど細かくチェックして除きます。

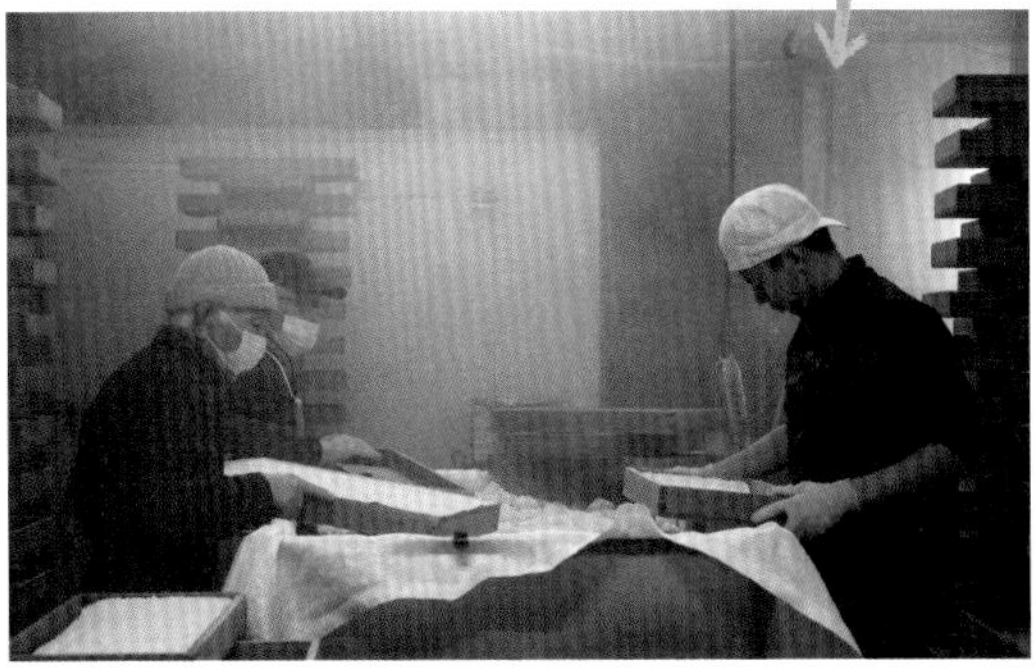

冷やして完成した麹は販売用の袋に詰めます。まもなくお客さまに届けられます。

っては種麹の量を調整しなければいけません。

麹蓋を麹室に入れてからの温度管理も重要な仕事です。朝仕込んでからお昼までは特に気が抜けません。麹は発酵に伴い、温度が上がってくるので、常に麹室を最適な温度に保たなくてはならず、空気を入れ替えたり、冷風機を使って調整します。昼過ぎからは2時間に1回くらいのペースで夜9時頃まで確認が続きます。それ以降も気になり、夜中でも見に来てしまうほど温度管理には神経を使います。

麹は仕込んでから2日でできますが、1週間に4回は早朝暗いうちから出麹があります。約330箱の麹蓋を出すため体力的にもきついこの作業は、朝日が差す頃まで続きます。

1回の麹室でできる麹は販売する1～2日分です。基本的にはフル稼働で造っていますが、品質を落とさずに、確実に造ることができる分だけを、欲張らずにていねいに造りたいと思っています。

ただ、将来的にやりたいことはあります。父が田んぼの作付けを増やし、米がたくさん収穫できるようになってきています。父が作った米で、羽場こうじ店のすべての麹や味噌を造りたい。それが今、私たちの夢になっています。

お母さんたちの発酵料理の店

造り酒屋だった建物の中で
地元のお母さんたちと
羽場こうじ店で作られた
味噌や塩麹、
三五八《さごはち》、甘さけを
使った料理を出しています。
「お客さまに心も体も
健やかになってほしい」、
そんな気持ちで始めました。

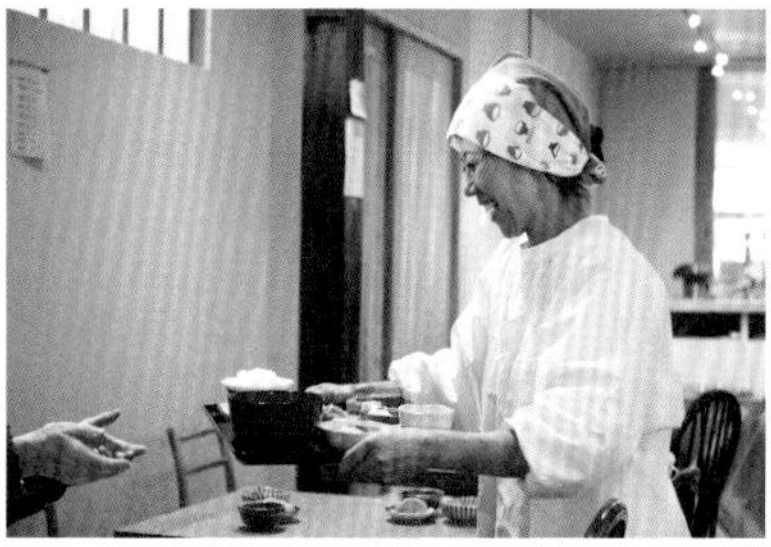

調理場からはお客さまの顔がよく見えます。もちろんお客さまの席からも。

私が救われた〝お母さんの料理〟

江戸時代の宝暦4（1754）年から平成15年までの250年間、造り酒屋として営業していた勇駒《いさみごま》酒造に、羽場こうじ茶屋「くらを」をオープンして、2023年で10周年を迎えました。羽場こうじ店で作られた味噌や塩麹、三五八、甘さけを使って料理を提供しています。お客さまにも私たちの料理で元気に、健康になってほしいという気持ちからお店を開きました。

当初は料理人に作ってもらっていましたが、日常で麹を使い

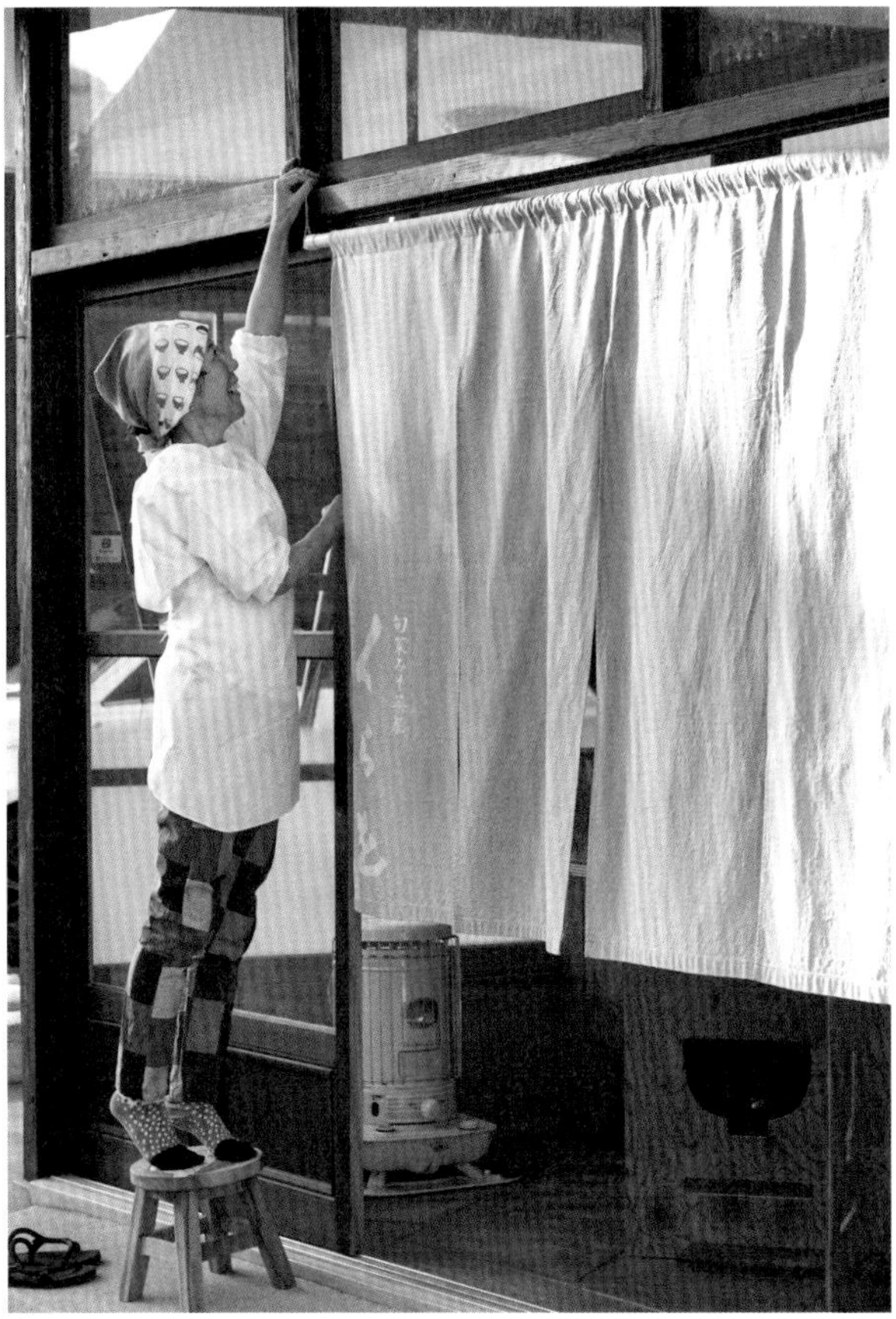

背を伸ばしても少し足りないので、私専用の脚立に乗ってのれんをかけます（左上）。勇駒酒造ののれんも当時のまま。見学も可能です（上）。造り酒屋の建物はそのまま。麹や味噌はもちろん、漬け物や私がおすすめする小物なども販売しています（左下）。月替わりの「くらを御膳」は旬のものを使った野菜中心の一膳です（下）。

こなす地元のお母さんたちにスタッフとして入ったもらったのをきっかけに、伝えていきたい、守っていきたい料理がたくさんあることにも気づきました。

　試行錯誤しながら、私の心と体をよみがえらせてくれた母の料理を思い出しました。〝麹の力を活かした地元の家庭料理〟をお出しすれば、お客さまに喜んでもらえるのではないか。ようやく「くらを」が進むべき道が見えたようでした。

　くらをに来たお客さまが「これ初めて食べたけれど、懐かしい味がする」「そうそう、昔お母さんがよく作ってくれた○○がおいしかった」と昔話に花を咲かせていらっしゃることがよくあります。見たことがない、食べたことがない新しい料理でも、なんだか懐かしい母の味。くらをが目指しているのはそんな料理です。

くらをのごはん

羽場こうじ茶屋「くらを」のお昼のごはんは月替わり。野菜、山菜やきのこ、魚など、旬の食材を取り入れ、発酵調味料を使って作っています。

がっこ（漬け物）

大根のなた漬け、秋田の伝統野菜の平良（たいら）かぶの麹漬け、芭蕉菜のからし漬け、みょうがの甘酢漬け、なすの奥漬け。奥漬けは浅漬けの反対で長期間漬けること。置き漬けとも言う。

味噌たまりとろろ

味噌たまりは、味噌からしみ出た液体で、味噌のうま味が凝縮している。とろろを味噌たまりで味つけ、とんぶりを入れて。

鱈の酒蒸し

塩麹漬けの鱈を蒸して、柚子と粗びき黒こしょうをふって。

味噌汁

鶏団子とねぎの味噌汁。味噌は羽場こうじ店の「特上㐂助（きすけ）みそ」。米麹を大豆の 3 倍使った三十割（さんじゅうわり）麹味噌。

塩麹だし巻き卵

塩麹を入れて、昆布出汁をきかせただし巻き卵。

田楽味噌

焼いた厚揚げに甘さけで調味した田楽味噌をのせて。

味噌漬け

セロリとにんじんの味噌漬け。

焼きねぎ

白ねぎを焼いて、おぼろ昆布をのせて。

おでん

大根（玄米麹味噌）、卵、いもの子（里いも）、チンゲン菜、もち巾着の5種類。

ご飯

羽釜で炊き上げた秋田のブランド米、あきたこまち。

旬の食材と発酵調味料、こだわりの漬け物

くらをのごはんは毎月料理が替わります。前ページの写真は冬の御膳。大根がおいしい季節なので、塩麹ベースで味つけたおでんをメインに、塩麹漬けにした鱈の酒蒸し、味噌からしみ出た「味噌たまり」で味つけたとろろ、三十割《さんじゅうわり》麹味噌を使った味噌汁など、季節の野菜や海産物を豊富に使って献立を考えています。

特に食べてもらいたいのは、「がっこ」と呼ばれる漬け物。秋田の伝統的な漬け物、「大根のなた漬け」は寒い時期に必ずお出ししています。秋田では各家庭に伝わる漬け方がありますが、くらをでお出ししているのは鈴木家のなた漬け。漬け方をご紹介したいと思います。

秋田杉のプレートに、大根のなた漬けを中心に季節の漬け物数品、副菜も並べて。

大根のなた漬けの作り方

秋田の伝統的な漬け物、「大根のなた漬け」。鉈《なた》で大根を切って、甘さけで漬けます。甘さけのほんのりとやさしい甘さが特徴です。

漬け物桶に氷が張るほど寒い場所に保管するので、長く保存できます。

切れ味の悪い鉈ほど おいしく漬かる

正式名称は「大根の鉈《なた》割《わり》漬け」ですが、地元では「なた漬け」と略して言います。

昔は秋田ではどの家にも鉈がありました。雪囲いや枝切りなどで男たちが使うのですが、刃がこぼれて切れ味が悪くなると、それは女手にわたりました。切れ味が悪い鉈で大根をそぎ切りにすると、断面に亀裂ができます。そこに味をしみ込ませるのがなた漬けです。

数ある米麹の漬け物のなかでも、だんとつにおいしい漬け物です。余談ですが、私の母は仙台市出身で、(いずれ夫になる)父のもとへ遊びに来たときに、(いずれ姑になる)おばあちゃんが出してくれたなた漬けがあまりにもおいしくて、「こういうおいしいものを食べられる麹屋に嫁ぐなら悪くないなと、思った」というエピソードがあります。

おばあちゃんの鉈は母に引き継がれ、今は私の手元にあります。母も新聞社から取材依頼があるほどのなた漬け名人で、私のなた漬けレシピは母から教わったものです。

漬け物作りは、女性が夜に行う仕事でした。夜は集中して作業ができるから。漬け物作りは気が抜けません。

材料〈作りやすい分量〉

大根……4kg（3〜4本程度）
塩……90g
甘さけ（P28）……700g
※切れ味の悪い鉈（出刃包丁でも）。
　大根に味がなじみやすい。

作り方

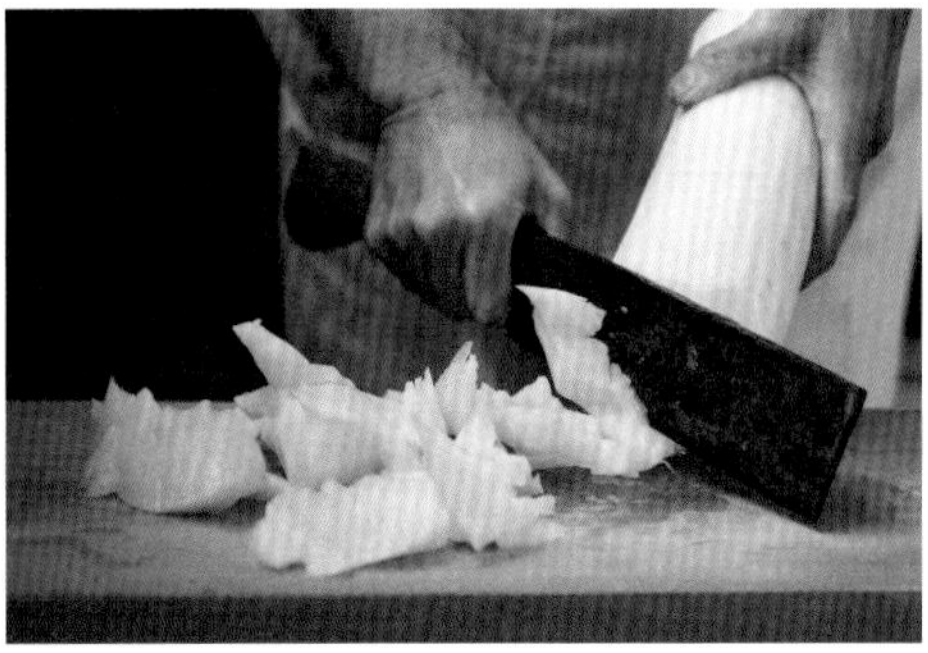

1 大根の皮をむき、なたでそぎ切る。

▼

2 かめに**1**を入れる。

3 分量の塩を入れる。

▼

4 塩を全体によくまぶす。

▼

5 中ぶたをして、大根と同じ重さの重石（4kg）をのせ、一晩おく。

▼

6 かめの大根をざるにあけ、大根から出た水分をきる。

7 ざるをふって、水けを十分にきる。

▼

8 ざるの大根に中ぶたをのせ、大根の半量の重さの重石（2kg）をのせ、1時間おく。

▼

9 大根の水分を手で絞り、かめに移す。

▼

10 分量の甘さけを入れる。

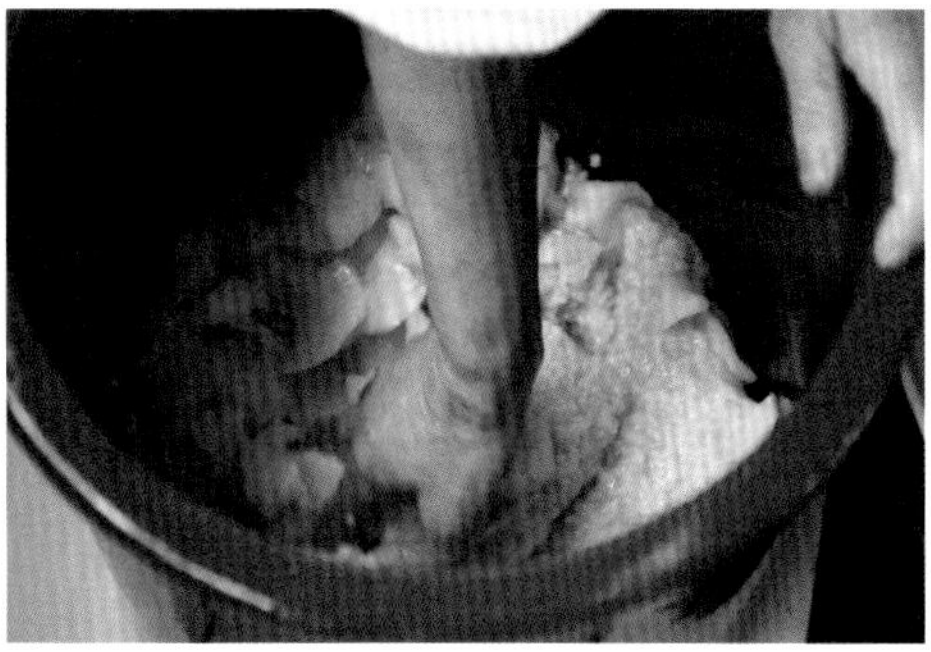

11 大根に甘さけをよくからめる。

▼

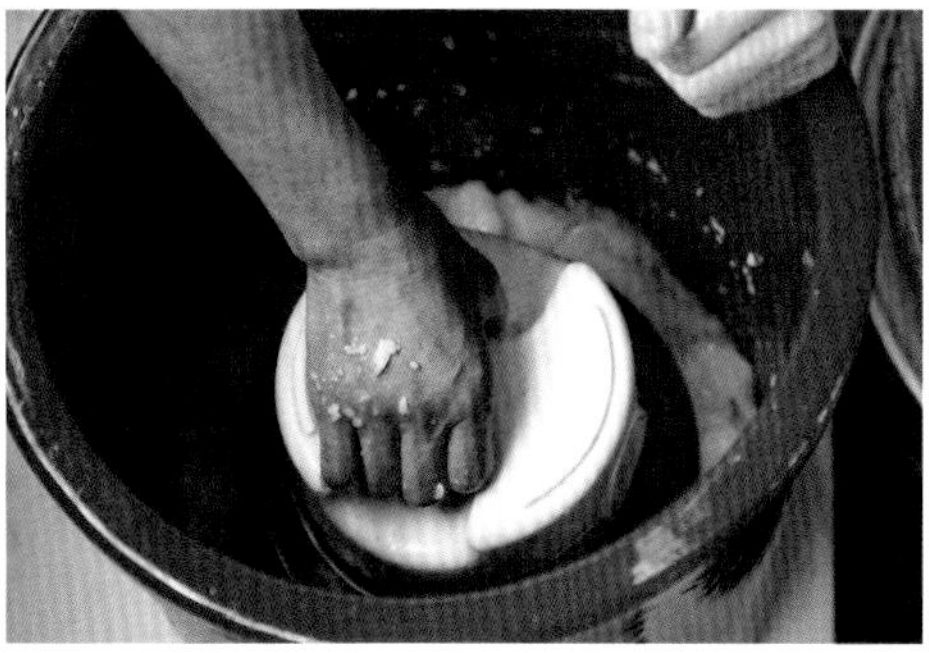

12 中ぶたをして、8の重石（2kg）をのせ、一晩なじませれば完成。

なた漬け作りのポイント

point

鉈を手首で固定し、大根を回しながら切ります。切れ味が悪いほど味がなじみます。

大根から水分がたくさん出るので、しっかり絞って水けをきります。

◎少量で早く漬けたい場合は、P123の「大根のなた漬け風」のレシピを参考にしてください。

米麹が作る深い味わいの調味料

麹菌の菌糸が綿のようにまとわりつく。生の米麹だからこその美しさです。

米麹を用いて、味噌、酢、塩麹、日本酒、甘さけなどが作られます。米麹の酵素の働きで大豆や米が分解され、日本人が昔から食してきた深い味わいの発酵食品になります。

料理に欠かせない米麹の調味料

米麹はそれだけで食すことはあまりありません。大豆や米と混ぜ、麹菌の酵素が働きかけ、大豆や米を分解してまったく違った形状、味や香りを持つ食品に変えてしまいます。この行程が「発酵」で、出来たものが味噌や酢、塩麹などの調味料、日本酒や甘さけです。

現在、羽場こうじ店は麹そのものはもちろん、米麹を用いた味噌、塩麹、三五八《さごはち》、甘さけの発酵調味料も販売しています（左ページ参照）。

これら4種類の調味料は、秋田の台所で日常的に使われています。私の料理も基本的にこれらの調味料を使っています。調味料さえあれば、紹介している料理は簡単で手軽に作れるものばかりです。まずはこれらを作ることから始めていただけるとうれしいです。

羽場こうじ店の味噌、塩麹、三五八を、家庭でも作りやすい分量、方法にアレンジして、22ページから作り方を紹介しています。良質な麹が手に入れば誰でも作ることができます。

もちろん、いつも使っている調味料でも十分です。加減しながら味つけしてみてください。

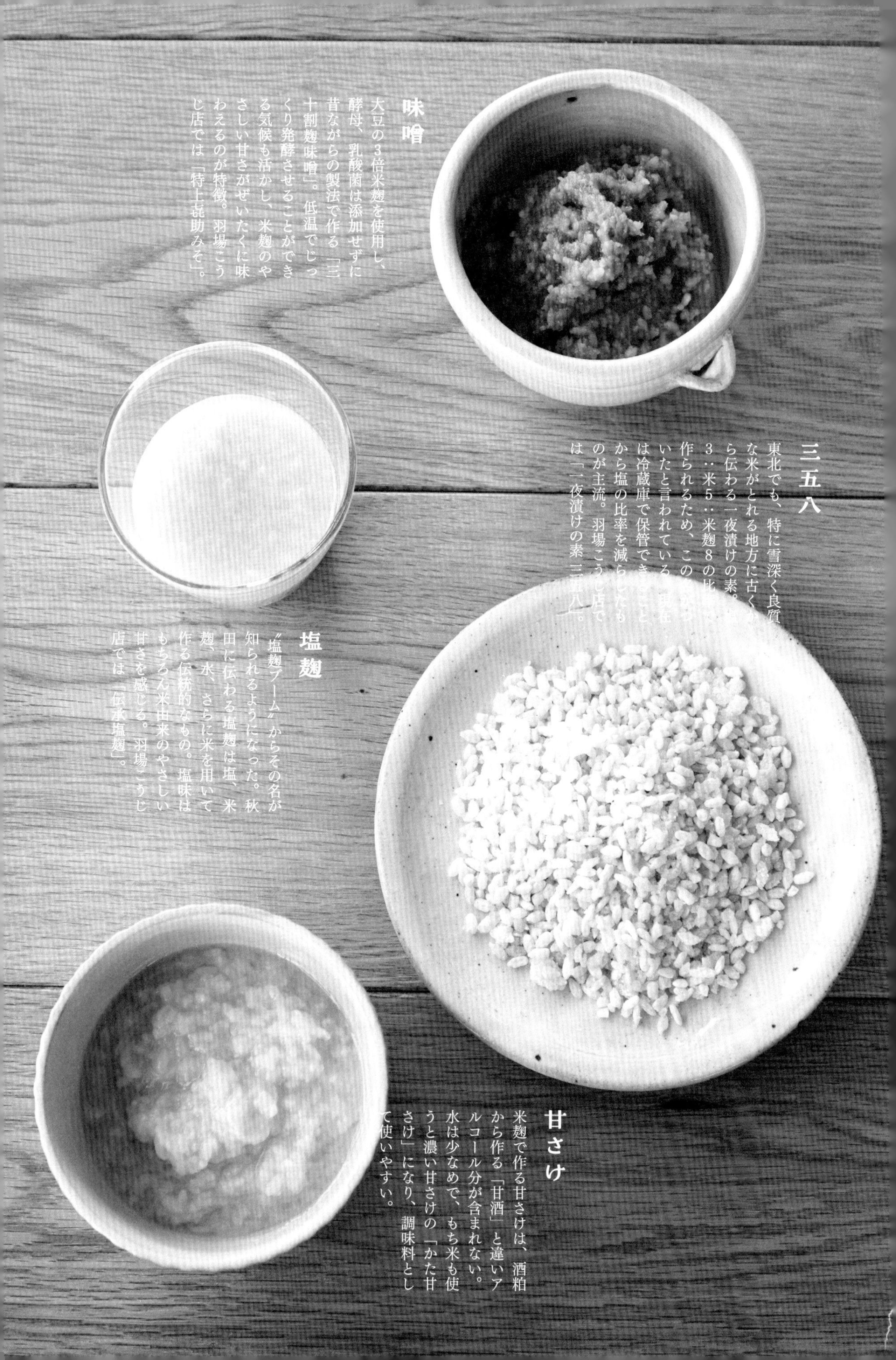

味噌

大豆の3倍米麹を使用し、酵母、乳酸菌は添加せずに昔ながらの製法で作る「三十割麹味噌」。低温でじっくり発酵させることができる気候も活かし、米麹のやさしい甘さがぜいたくに味わえるのが特徴。羽場こうじ店では「特上兵助みそ」。

三五八

東北でも、特に雪深く良質な米がとれる地方に古くから伝わる一夜漬けの素。塩3：米5：米麹8の比率で作られるため、この名がついたと言われている。現在は冷蔵庫で保管できることから塩の比率を減らしたものが主流。羽場こうじ店では「一夜漬けの素 三五八」。

塩麹

〝塩麹ブーム〟からその名が知られるようになった。秋田に伝わる塩麹は塩、米麹、水、さらに米を用いて作る伝統的なもの。塩味はもちろん米由来のやさしい甘さを感じる。羽場こうじ店では「伝承塩麹」。

甘さけ

米麹で作る甘さけは、酒粕から作る「甘酒」と違いアルコール分が含まれない。水は少なめで、もち米も使うと濃い甘さけの「かた甘さけ」になり、調味料として使いやすい。

味噌の作り方

大豆の約3倍の米麹を使った「三十割麹味噌」。米麹の甘さが際立つおいしい味噌です。少量から作る、失敗しない方法を紹介します。

材料〈出来上がり約1kg・塩分濃度13％未満〉

大豆（乾燥）……200g（茹で豆で400g）

米麹（生）……500g

塩……125g

少量でもおいしい 保存袋で作る方法

「三十割麹味噌」は大豆の約3倍の米麹を使います。出来上がりが約1kgになり、保存袋で発酵させる方法で作ってみました。保存袋なら場所も取りません。

失敗しないポイントは、基本的なことですが、まず手をよく洗うこと（調理用手袋を使うとより安心です）。また、味噌が発酵しやすい環境はカビも生えやすいので、ジッパーの部分などにカビが生えてきたらきれいに取り除き、アルコール（ホワイトリカーなど）でふき取ります。

食べ始めの目安は作ってから3か月ですが、好みのタイミングが完成です。作った日にちを記しておきましょう。おいしさのピークを迎えたら冷蔵保存がおすすめ。おいしさが長持ちします。常温でも保存できますが、発酵が進むので、直射日光、高温多湿を避けて保存します。

味噌作りのポイント

point

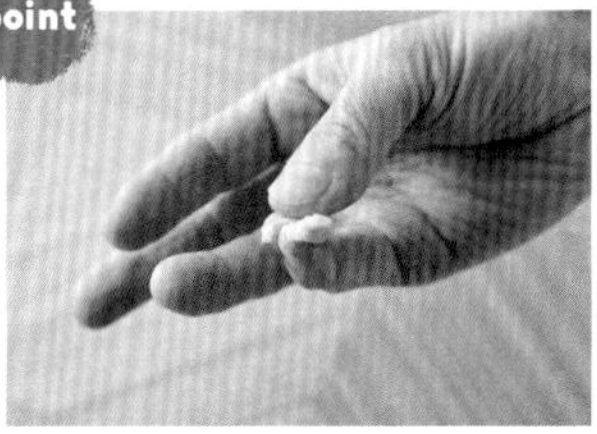

大豆の固さは、親指と小指で挟んで簡単につぶれるくらいがベストです。

大豆の水分を米麹に吸わせるイメージで、写真のようによく混ぜます。

丸めた味噌玉は、保存袋の隅にも空気が入らないようにギュッと詰めます。

1　大豆を一晩（できれば24時間）浸水させ、圧力鍋で蒸す。鍋なら弱火で6時間（24時間浸水すれば4時間）、指でつぶせるくらいまでゆでてざるに上げる。

2　米麹は冷蔵室から出して常温におき、米麹と塩はそれぞれやさしくもんでかたまりがないようにほぐしておく。こうすることでむらなく混ざる。

3　**1**の大豆はフードプロセッサー、もしくはすりこ木などですって粒が残らないようにつぶす。固いときは**1**のゆで汁を少し足す。

4　ボウルに**3**の大豆を入れ、**2**の塩を加えて混ぜる。塩は何回かに分けて加えるとよく混ざる。

5　**2**の米麹を加えて、全体がよくなじむまでこねる。

6　空気を抜きながら、ピンポン玉サイズの味噌玉を作り、保存袋の口を大きく開けて味噌玉を入れる。

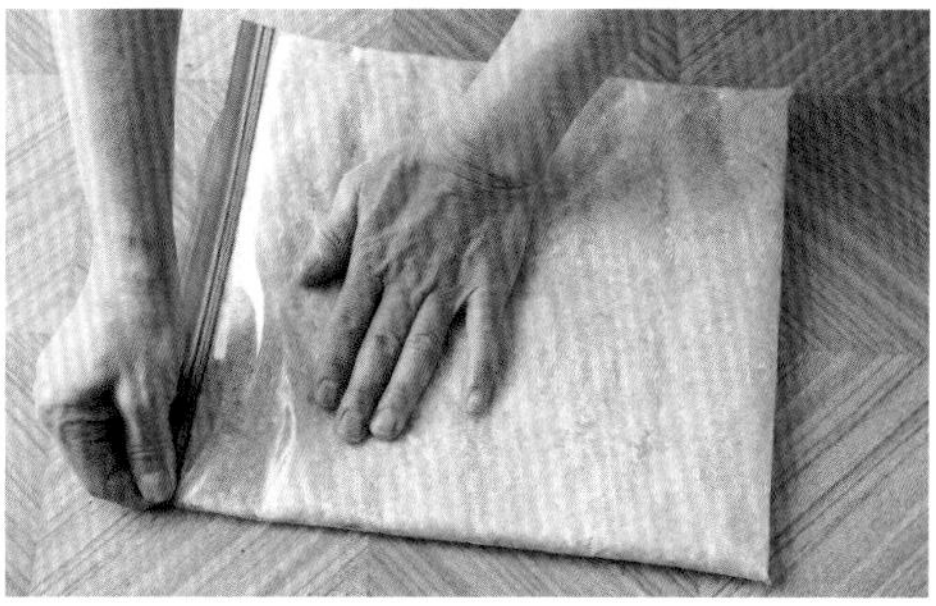

7　袋の中に空気が残らないように平らにし、ジッパーを閉じる。清潔なふきんとアルコール（ホワイトリカーなど）で汚れた部分をふき取る。

8　色が変わって味噌の香りがしてくるまでは常温におき、2〜3か月ほどで完成。

塩麹の作り方

少量でもしっかり味がつく
塩分濃度20％の
秋田の伝統的な塩麹を作ります。
完成まで2～3週間おいておくだけなので
誰でも簡単に作ることができます。

材料〈出来上がり約2.6kg・塩分濃度20％〉

米麹（生）……1kg　米……90g
塩……550g　水……1L

※半量で作りたい場合は、分量も半分でOKです。

少量で味がつく伝統的な塩麹

塩麹は塩分濃度が13％程度あれば常温でも保存がききます。紹介する伝統的な塩麹は塩分濃度20％と少々高め。減塩になるからと塩分が少ない塩麹を作っても味つけでたっぷり使ってしまっては減塩の意味が薄れます。

私がおすすめする塩麹は、少量でしっかり料理の味が決まり、炒めたり煮たりしても水っぽくならず、見た目も美しく仕上がるのが特徴です。普段使っている塩麹と違って「入れすぎてしょっぱくなってしまった」ということもあるかもしれませんので、計量スプーンやスケールで確かめて使ってください。少量で驚くほどおいしくなります。

作るポイントは、おかゆに塩を溶かした状態で63℃まで冷ましてから麹を合わせること。温度が高すぎると酵素が失活（働きが失われる）して、麹のポテンシャルを十分に引き出せません。常温で1年くらい保存可能です。

塩麹作りのポイント

point

米麹の酵素が効果的に作用する温度は60℃以下。おかゆは63℃まで冷まします。

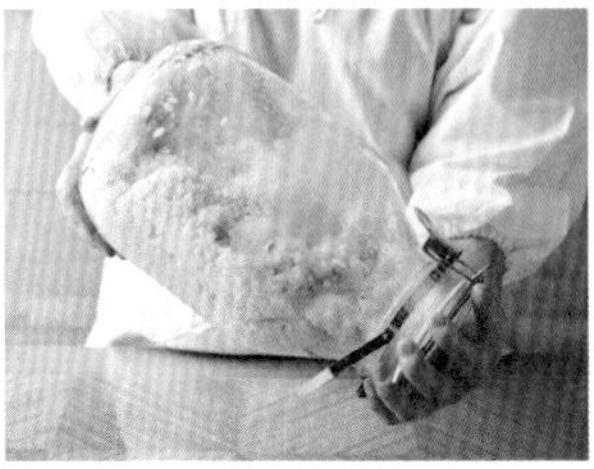

気づいたときに容器をふって混ぜると、むらなく発酵が進みます。

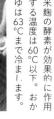

1　米麹は冷蔵室から出して常温におき、米麹と塩はそれぞれやさしくもんでかたまりがないようにほぐしておく。

2　鍋に米と水を入れて、米がくっつかないように木べらで混ぜながらおかゆ状になるまで煮る。

3　この程度までご飯が柔らかくなればOK。

4　**3**を火から下ろし、熱いうちに**1**の塩を入れてよく混ぜ、溶かす。

5　**4**を63℃まで冷ます（クッキング温度計を使う）。

6　**1**の米麹に**5**を加え、素早く混ぜる。

7　清潔な保存容器に移して、常温に2～3週間おく。

8　発酵中はときどき容器ごとふり混ぜる。2～3週間後、米麹と米、水が一体となったら完成。

三五八の作り方

秋田では一般的な調味料ですが、塩麹は知っていても、三五八《さごはち》は使ったことがないという人も多いのではないでしょうか。水を使わないので、ぱらぱらしているのが特徴。古くて新しい調味料として使っていただきたいです。

材料〈出来上がり約700g強・塩分濃度20%〉

米麹(生)……500g
ご飯……茶碗1/2杯(75g)
塩……150g

手でこすり合わせてぱらぱらに

三五八は米麹とご飯に塩をまぶすだけで、寝かせたり発酵させたりしないので、すぐに使うことができます。少量ずつでも仕込め、時期を選ばずに手軽に作れるのがいいところです。

作り方のコツは、「ご飯一粒一粒に塩をまぶす」「ご飯の水分を米麹に移す」ようなイメージでもみ、手のひらでこすり合わせることです。

祖母は2〜3か月分の三五八を作って、流しの下のかまに入れて保存し、なくなればまた作って1年中料理に使っていました。最初はぱらぱらとした三五八がそのうちくすんだ色になり、しっとりねっとりしてきたら、塩麹のように使いました。

しっとりしても使えますが、ぱらぱらのまま保存したい場合は、保存袋に入れて冷蔵保存します。3か月保存可能です。冷蔵すると色が黒ずむことがあり、少しずつ固くなります。

三五八作りのポイント

ご飯一粒一粒に塩がつくように、ご飯に塩をまぶしていきます。

手を広げて、手のひらでこするようにもみます。全体に色味が均一になれば完成。

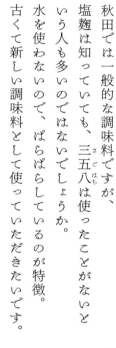

1 米麹は冷蔵室から出して常温におき、米麹と塩はそれぞれやさしくもんでかたまりがないようにほぐしておく。

2 熱々のご飯を大きめのボウルの中で広げる。

3 2に1の塩を入れ、ご飯と混ぜる。

4 ご飯一粒一粒に塩をつけるイメージで、ご飯に塩をまぶしていく。

5 ご飯をぱらぱらにする。

6 5に1の米麹を入れ、混ぜる。

7 ご飯の水分を米麹に移すイメージでもみながら、まぶす。

8 ご飯、塩、米麹の色が均一になるまでよくもめば完成。

甘さけの作り方

手軽に手に入る切りもちを使って、炊飯器で時短で作る方法を紹介します。水を少なめにしてより濃く甘くし、調味料として使いやすい「かた甘さけ」を作ります。

材料〈出来上がり約1.3L〉

米麹(生)……500g
切りもち……2個
水……800ml～1L(写真は800ml)
※水の分量を加減すれば甘さけの濃度が調整できます。

切りもち＋炊飯器で時短甘さけ

米麹で作る甘さけはアルコール分を含まないので子どもでも安心して飲めます（酒粕で作る甘酒はアルコール分を含みます）。

もち米で作ると、もち米を浸水させる時間が必要なので、切りもちを使って家庭で手軽に作れる甘さけを紹介します。炊飯器で発酵させるので、約3時間で完成します。

ポイントは甘さけのもとを炊飯器に移すとき、急激に温度が冷めないようにあらかじめ内釜にお湯を張り、内釜を温めておくことです。できるだけ早く発酵に適した温度（60℃付近）に達するための工夫です。

出来上がったら素早く冷やすことで、冷蔵で2週間程度日持ちさせることができます。冷凍保存もできますが、2か月ほどで使い切ります。なるべく早めに使い切るのがいいでしょう。

甘さけ作りのポイント

point

もちは小さく切ると溶けやすく、溶け残りも完成までには溶けます。

甘さけのもとを炊飯器に移す前に、内釜にお湯を張り、温めておきます。

ふたを開放すると温度が下がりすぎるのでふきんをのせて半開きにします。

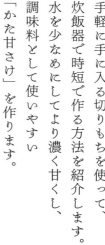

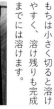

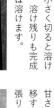

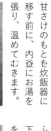

1　米麹は冷蔵室から出して常温におき、やさしくもんでかたまりがないようにほぐしておく。

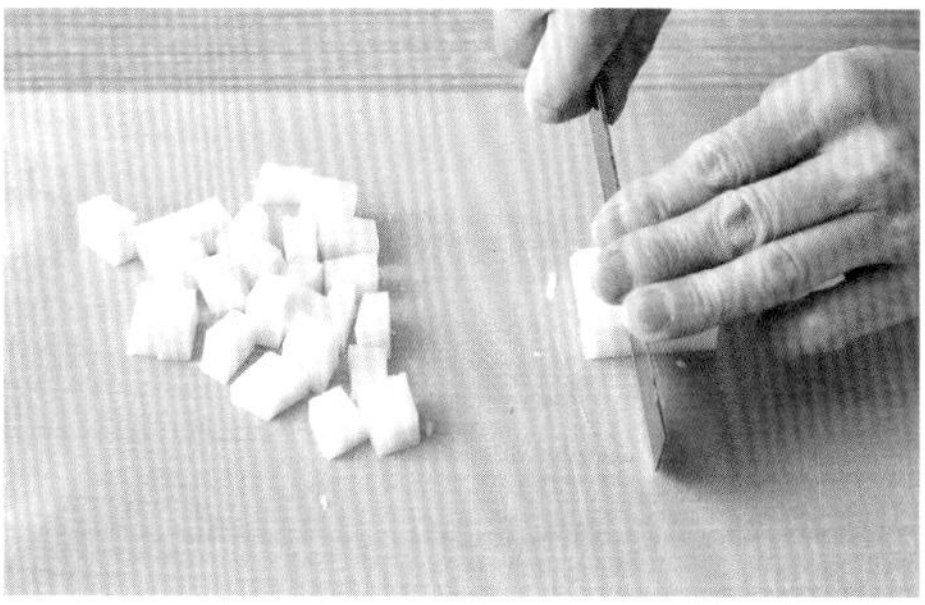

2　切りもちは1cm角程度のサイコロ状に切る。

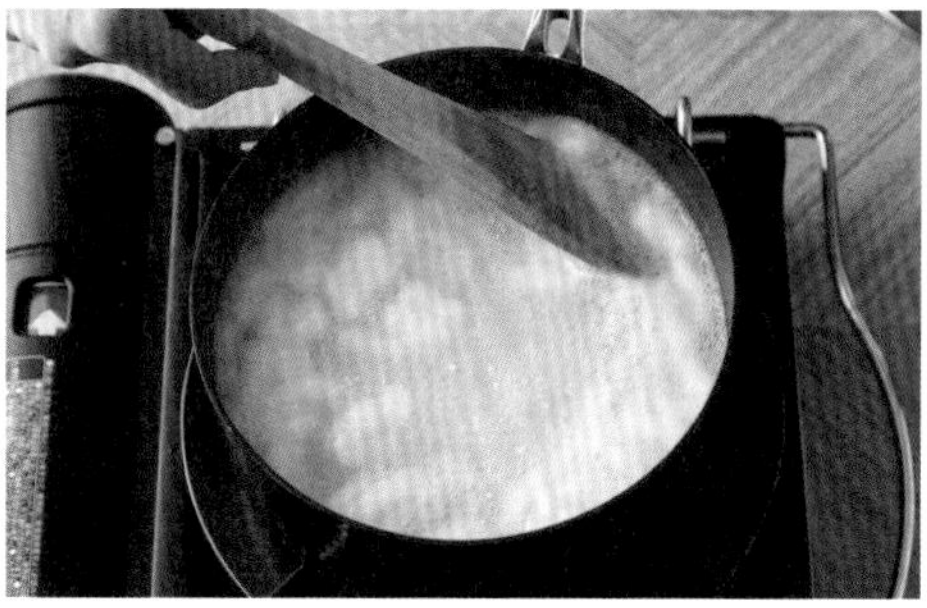

3　鍋に**2**のもちと水と入れて火にかけ、10分程度加熱してもちを溶かし、おかゆ状になるまで煮る。もちが少し残っていてもOK。

4　**3**を63℃（少し低くなってもOK）まで冷ます。

5　ほぐしておいた**1**の米麹に**4**を入れ、素早く混ぜる。

6　**5**を素早く炊飯器に移し、ふたを閉め、保温ボタン（70℃）を押す。

7　2時間経ったところで検温し、60℃を超えていればふたを開けて温度を調節する（ふたが全開にならないようふきんなどをのせる）。

8　炊飯器が高温にならないよう58〜63℃をさらに1時間キープし、甘さけを保存袋に入れて氷で急冷させて完成。

米麹そのものを使ってできること

味噌や塩麹、三五八《さごはち》、甘さけなどの発酵食品に使われる米麹ですが、米麹そのものを使う方法もあります。「麹液」と「米麹茶」を紹介します。

肉を柔らかくしたり、お茶にしても

米麹はそのまま食べることはあまりありませんが、米麹そのものを使うこともあります。そのひとつは米麹の酵素の働きを利用して肉を柔らかくする方法。米麹1：水4の割合で混ぜ、フードプロセッサーなどですりつぶし「麹液」を作ります。肉に麹液をかけて一晩おけば、肉のたんぱく質が分解され、味はつかずに柔らかくなります。

　また、米麹をほうじ茶のように炒って米麹茶にし、牛乳や水で抽出すれば、ほんのり甘みのある米麹ティーになります。

麹液の作り方

1

米麹1：水4の割合でフードプロセッサーなどに入れてすりつぶします。

2

清潔な容器に移します。多少粒々が残っていてもOK。冷蔵で約3日間保存可能です。

上：麹液を肉にまんべんなくふりかけて、一晩おけば、米麹の酵素の働きで肉が柔らかくなります。

右：麹液で漬けた豚肉を焼いた「豚肉味噌バターりんご炒め」→P58

砂糖を
使っていないのに
ふわっと甘い

米麹茶
ミルクティー

米麹をほうじ茶風に
炒って糖分を引き出すことで
ふわっとやさしい甘さに。
米麹の甘さに驚くこと
間違いなしです。こんがり
焦げて、ぱらぱらの米麹茶に
するには、炒るときにむやみに
混ぜないのがコツ。

材料〈2杯分〉

米麹……50g
牛乳……400ml
シナモンパウダー……少々
シナモンスティック……2本

作り方

1 フライパンにほぐした米麹を入れ、静かに炒る(a)。

2 パチパチと音がしたらフライパンをふり、焦げ色がついたら木べらで混ぜる(b)。赤茶色になったら火を止めて、ボウルに移して冷ます(c)。

3 容器に牛乳と2を入れ(d)、ふたをして一晩おく。温めて器に注ぎ、お好みでシナモンパウダーをかけ、シナモンスティックを添える。

a
糖分でくっつくので混ぜない！

b
焦げ色がついたら混ぜてOK。

c

d

memo 炒った米麹茶は少し甘みがあるので、そのまま食べたり、トッピングにしてもOK。ミルクティーはシナモンでチャイ風にしましたが、牛乳の代わりに水にドライフルーツを加えてフレーバーティーにしても。

米麹の保存法

COLUMN 1

冷蔵、冷凍で保存

米麹は調味料などに加工してから保存するほうが望ましいですが、そのまま保存が必要な場合は、冷蔵、冷凍の方法があります。冷蔵の期間内で使い切るのがベストですが、使い切れない量の場合は冷凍もできます。

ちなみに、羽場こうじ店の「羽場のこうじ」は、冷蔵で20日、冷凍で90日。市販の乾燥麹（水分を飛ばした麹）は常温で長期保存が可能です。

冷蔵、冷凍のポイント

- 使いやすい量（写真は250g）に小分けする。
- 保存袋などを使用し（冷凍の場合は冷凍用保存袋）、空気を抜いて平たくし、密封する（におい移りや冷凍焼けに注意）。

解凍のポイント

- 冷蔵室で自然解凍する。急激な温度変化は、米麹の酵素が失活する恐れがあり、米麹に期待する働きが弱まる場合もあるため。解凍したものを再冷凍するのも、酵素が失活する恐れがあるのでおすすめしない。

私の発酵暮らし

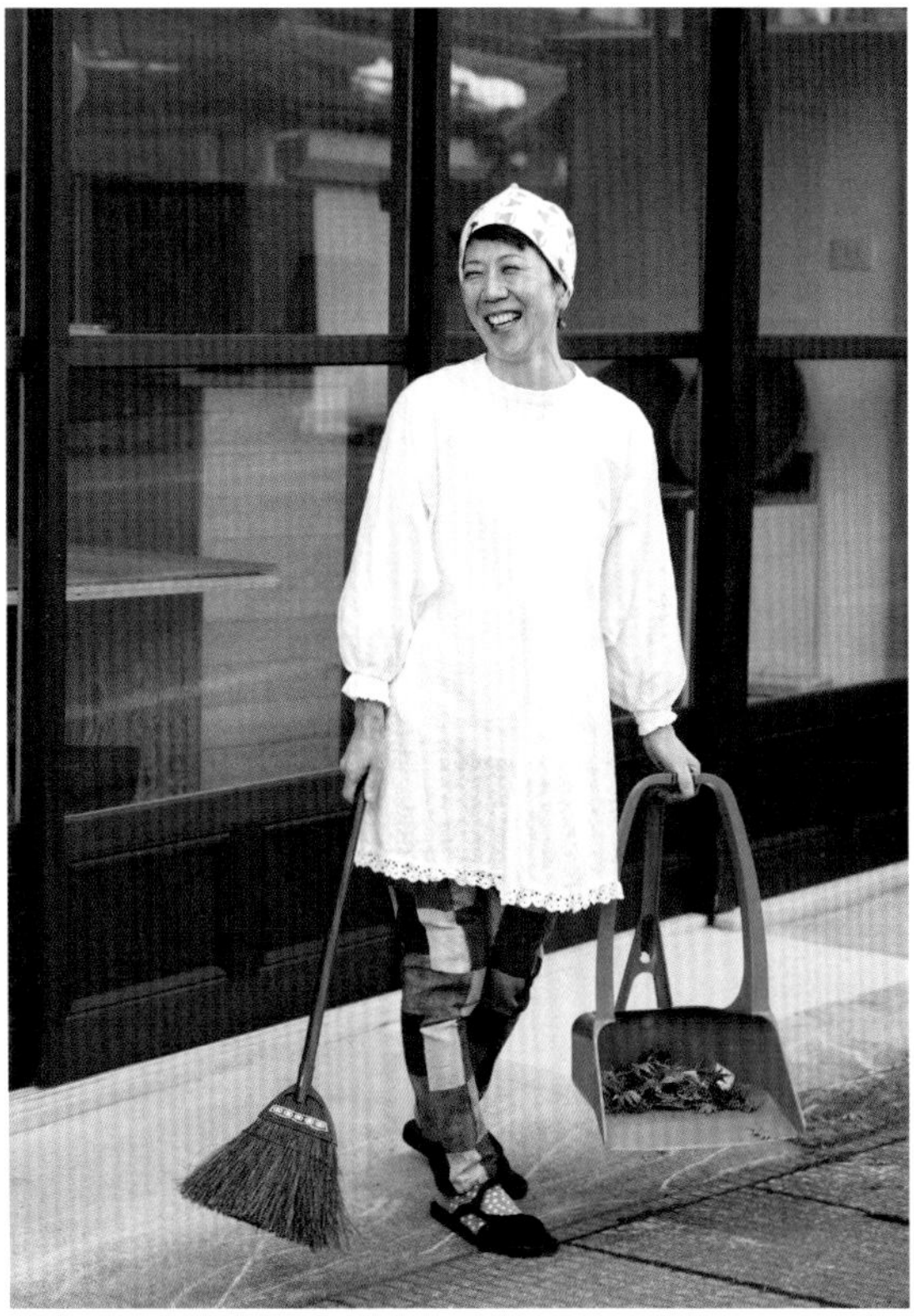

私の好きな仕事着、普段着

仕事着は白い割烹着と手ぬぐいと決まっています。でも、カラフルでポップなものが好きなので、色使いや柄が楽しい小物を選んで気分を上げて、機嫌よく過ごせるようにおしゃれを楽しんでいます。

割烹着に手ぬぐい 色や柄で遊び心を

「お母さん」と言えば、割烹着と手ぬぐいだと思い、それまでの和食屋さんのユニフォームをやめたんです。それ以来、お店の仕事着はこのスタイルです。割烹着はもちろん普通に売っていますが、町の商店街の呉服店さんでデッドストックを見つけたり、母から譲り受けたりした、少しアンティークな雰囲気の割烹着が好みです。手ぬぐいは集め始めたら人からいただくなどして、知らないうちに増えて今では100枚くらいになりました。割烹着は白というのがお店の決まりなので、カラフルな色の手ぬぐいで遊び心を持たせて楽しんでいます。

　手ぬぐいだけでなく、おもしろい柄や色とりどりの靴下も大好きです。メイクを最小限にしているので、手ぬぐいや靴下に色や柄があることで気分が上がるんです。普段着や少しおしゃれしたいときなども、やはり帽子や靴下で変化を持たせて、和洋折衷な雰囲気にするのが気に入っています。特にもんぺは機能的で、最近では好きな布を選んで仕立てられるものも登場していて愛用しています。

割烹着は横手市増田町にある桐谷呉服店の40年前のデッドストック。レースがかわいいでしょ。

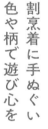

帽子、もんぺ、靴下は必須アイテム。その日の気分で色を選んで

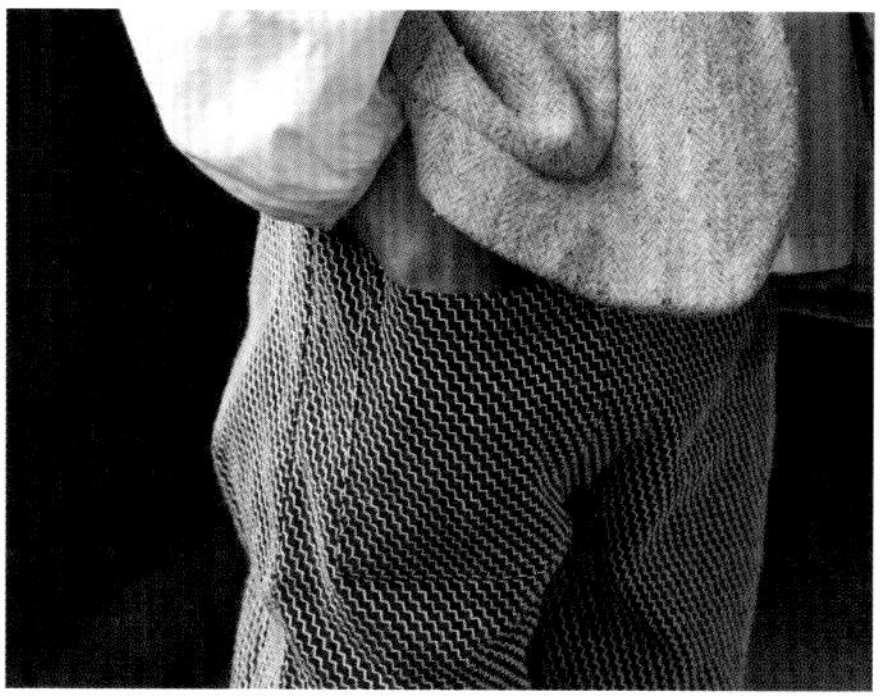

曇天の冬、鮮やかな黄緑色のカーディガンで気分を上げます。下にウールのベスト、一見パンツに見えるのは冬用のもんぺです（左上・右上）。もんぺは好きな色や素材をチョイス。古典的な久留米絣のもんぺも好きです（右中）。スカートは8年前にネットショップで買ったもの。和洋折衷のこのブランドが気に入ってます（右下）。帽子はベレー、ニットが好きで必ずかぶります（左下）。

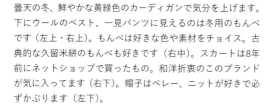

カラフルな手ぬぐいや靴下で遊び心を持たせて楽しんでいます

季節を感じるいちご柄の手ぬぐい（右）。手ぬぐいは100枚ほどあります。「集めてる」と言うとおみやげでいただいたりして。ありがたいです（上）。

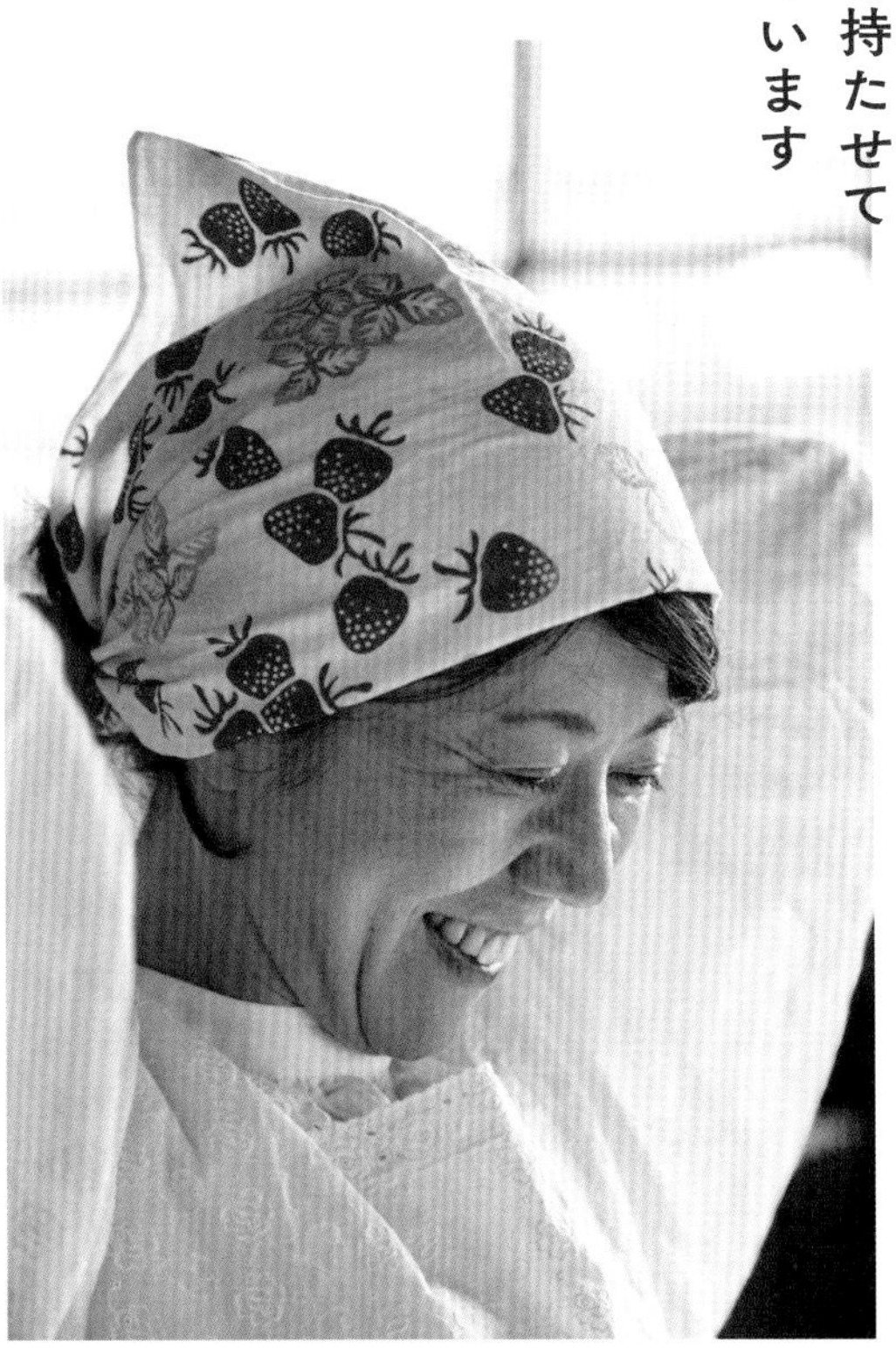

大工道具柄の足袋タイプの靴下（左）。おもしろい柄やきれいな色の靴下があるとつい買ってしまいます（左下）。寒い日の定番スタイルはどてら。やはりこれが暖かいです（下）。

いつもそばにある大事な器や道具

年代物の器や道具が好きです。
美しさ、味わい、技があるから。
大切に使って、できれば次の世代にもつなぎたい。
そして、キッチュでポップなものも好き。
私のまわりには古いものと現代のものが共存しています。

古いものも現代のものも好きなものに囲まれる毎日

和食器、洋食器に限らず、年代物には魅力を感じます。増田町の元呉服店で、今は古道具を扱っている升川商店さんにはよく足を運びます。店主のおじさんの古道具談義を聞いていると楽しくてうっかり時間を忘れるほどです。

増田町は伝統的建造物群保存地区にあたり、古いお宅、蔵がたくさんあります。食べ物屋をやっているということもあり、私が古いものが好きだというのを聞いて、伝来の食器やお椀、御膳などを譲ってくださる方もいます。確かに大人数のお客さまを迎えるような時代ではなくなり、不要になったものですが、現代では作れない技や味わいがあるものが多いです。修繕が必要なものもありますが、いつか必要な人の手に渡る日が来たらいいなと、いっとき預かっているつもりでいただいています。

また、豆皿や富士山グッズ、冷蔵庫のマグネットなどキッチュでポップなものも大好きで、つい集めてしまいます。断捨離とはほど遠い暮らしですが、好きなものに囲まれて生活しています。

ときどき行く県内の雑貨屋さんで購入したアンティークカップ。この感じがたまりません！

豆皿、富士山グッズ、冷蔵庫マグネット、小さくて（富士山は大きいけれど）こまごましたものばかり

豆皿好きで、丸型、角型、ひょうたん型など白磁中心に集めています。富士山のアイテムは、箸おきやおちょこ、豆皿などが自然と集まってしまいました。縁起がよさそう⁉　いちばんよく使っているアンティークのマグカップ（上）。

冷蔵庫のマグネットはあるだけばんばんくっつけています（左）。好きすぎて車の窓枠にもクマのマグネットをつけました（上）。

本物で使い勝手のいいものを。でも、かわいい見た目も大事

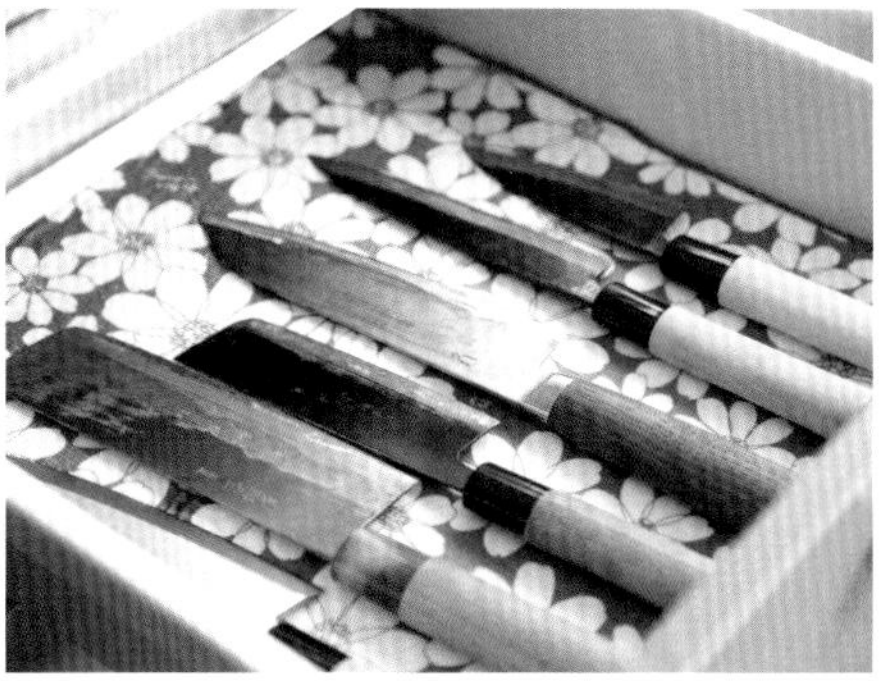

商売上手な朝市の鍛冶屋さん、忠雄さんの包丁。切れ味最高です！　定期的に研いでもらえるのでメンテナンスもばっちりです（右）。タイガーの炊飯器、人気のレトロ復刻版シリーズ。あまりに好みで柄違い（花柄）も大人買いしてしまいました（上）。

目盛りが付いている雪平鍋と味噌マドラー。味噌汁の味がぶれずに、いつでもおいしく仕上げられるので便利。手放せません（上）。

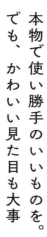

私の1日
基本のタイムテーブル

私の1日のタイムテーブルをあらためて書いてみると、毎日ほぼ変わりません。「くらを」の定休日の水木は麹屋に。よく考えると休日はほとんどありません。でも、仕事と生活が地続きのような暮らしなので、当たり前のように日々が過ぎていきます。

季節を問わず、朝は白湯を飲んで体を起こします。麹屋に行くまでに朝ごはんを作っておきます。

9:00〜 朝食

朝食は味噌汁に目玉焼きか卵焼き、常備菜など。夫と息子は朝いちばんの仕事から戻って食べています。

7:30〜8:30 麹屋

麹屋での私の仕事は従業員さんが安心して仕事にのぞめるように環境を整えることです。約1時間で終えて、また自宅に戻ります。

あるときは 8:00〜 朝市

2、5、9が付く日は朝市が開かれます。魚や山菜、きのこなど、お店で出す食材はここで調達します。

変わらない毎日を当たり前に過ごす

私の1日は朝5時に起きて一杯の白湯を飲むことから始まります。麹屋の朝は早いので、先に働いている夫と息子に朝ごはんを作った後（「365日味噌汁計画」は42ページ）、車で5分ほどの麹屋に向かい、1時間ほど作業をします。

帰宅して慌ただしく朝ごはんを食べ、今度はこちらも車で5分ほどの「くらを」へ。くらをの開店は10時なので、急いで開店準備をすませてお客さまをお迎えします。

9:30〜 開店準備

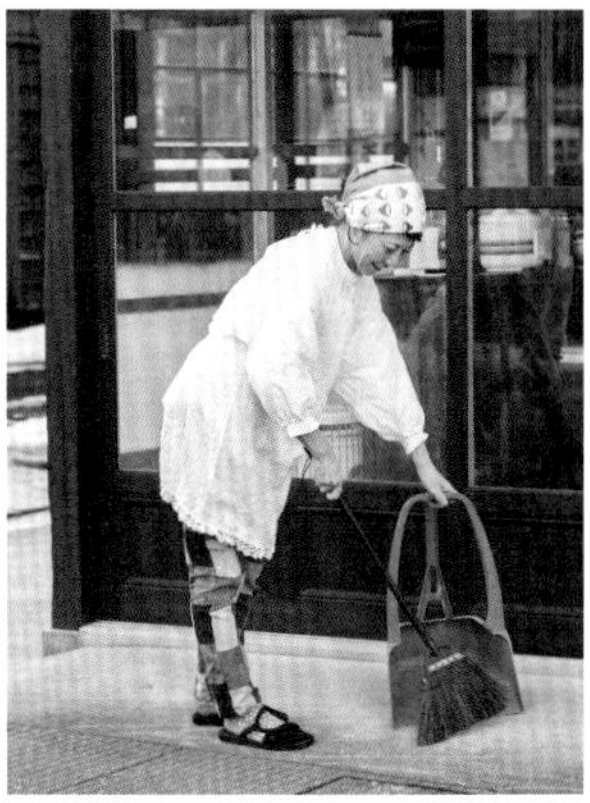

お店の10時開店に間に合わせて、開店準備をします。店の掃除、料理の準備など慌ただしいです。

16:00〜 片づけ・仕込み

お店の閉店後は片づけ、翌日の仕込みなどをします。スタッフとメニューの相談や試作などもしますが、少しリラックスできる時間です。

19:30 夕飯
21:00 就寝

10:00〜16:00 開店・営業

開店とともに食事や喫茶など、調理と接客が始まります。スタッフと切り盛りしながら対応に追われますが、お客さまと触れ合える貴重な時間です。

18:00 夕飯買い物
18:30〜 夕飯支度

買い物をして自宅に戻り、夕飯の支度です。家族3人で食事をし、明日に備えて夜9時には寝床に入ります。お疲れさまでした〜。

2と5と9のつく日は、お店のすぐ横の通りで「増田の朝市」が開かれます。３００年続く伝統的な朝市で、ここでしか手に入らない新鮮な食材を買います。

閉店時間の16時までは調理や接客でお昼休みも取れないくらいですが、お客さまに喜んでいただけるように頑張っています。閉店後は片づけや翌日の仕込みなどをします。お昼の御膳は月替わりなので、翌月のメニューをスタッフと相談、試作したりもします。18時くらいには終えて、夕飯の買い物に。

帰宅後は夕飯の支度をして、19時半頃に家族揃って食事をします。揃うのは夜だけなので、1日あったことなどを話します。21時には就寝。水木はくらをが休みなので朝は少しだけゆっくりできますが、麹屋は稼働日なのでそちらを手伝います。

365日味噌汁計画実施中

私を救ってくれた味噌汁は、今や朝の食卓には不可欠なものとなりました。2015年からインスタグラムに、「365日味噌汁計画」としてその日の味噌汁をアップしています。私の味噌汁計画はまだまだ続いていますが、その一部をご紹介します。

どんな実も合う味噌汁の包容力

麹屋で朝の仕事を終えた夫と息子が、ひと時自宅に戻る時間が家族の朝食タイム。短い時間で手早く栄養のあるものを食べてほしい。味噌汁はそんな食事にぴったりです。

私の味噌汁は自分でも驚くほど実だくさんです。季節の野菜、山菜やきのこ、海産物などたくさん入れます。いろんな食材の組み合わせで作ってみたいから。

さまざまな食材で味噌汁を作って感じたのは、味噌は実を選ばないということ。なんでもおいしい！　「これは合わないかな？」と思って作っても、食べてみると「イケるかも！」とむしろ新しい発見があります。味噌の包容力は無限、とすら思ってしまいます。

分量は家族3人分を計って作るのですが、実をたくさん入れるせいか、少し多めにできてしまいます。お椀ぎりぎりまで味噌汁をよそうのはそのせいです。

私の食への好奇心は、味噌汁作りでかき立てられる一方です。

出汁の煮干し、昆布は捨てずにそのままよそいます。鈴木家では誰の椀に入っても実として食べてしまいます。

煮干し、昆布入り味噌汁の作り方〈2人分〉

煮干し3本、昆布2g（カットする）、水300mlを火にかけ、切った厚揚げ、ごぼう、にんじんなどを加える。実に火が通ったら火を止め、味噌30gを溶き入れる。

両親の旅行みやげの鯛はアラを焼いて味噌汁の実に。水菜たっぷり（2022/11/29）。

味噌汁の表面張力。鈴木流のよそい方。オクラだから入れられる!?（2023/6/4）。

初挑戦、もずくの味噌汁。ほかに油揚げ、大根の葉。出汁は煮干し（2016/5/15）。

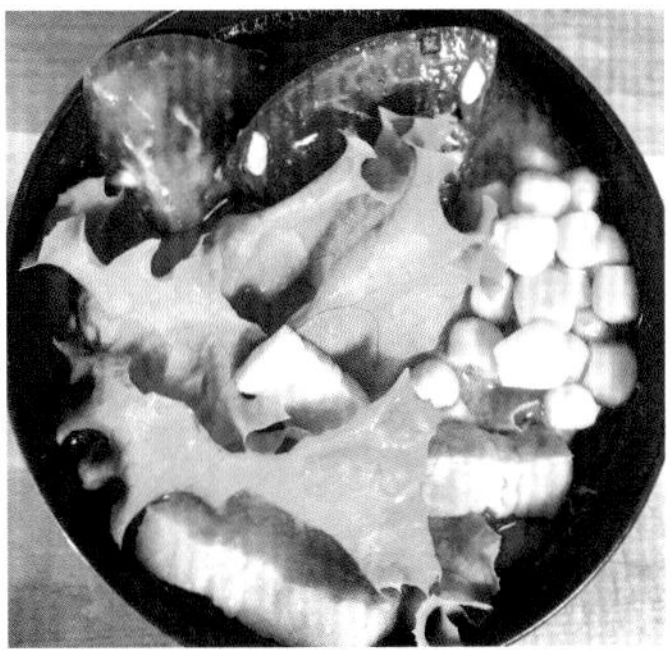

息子が喜ぶかとベーコン＋レタス＋トマト＋コーンのサラダ風（2018/8/2）。

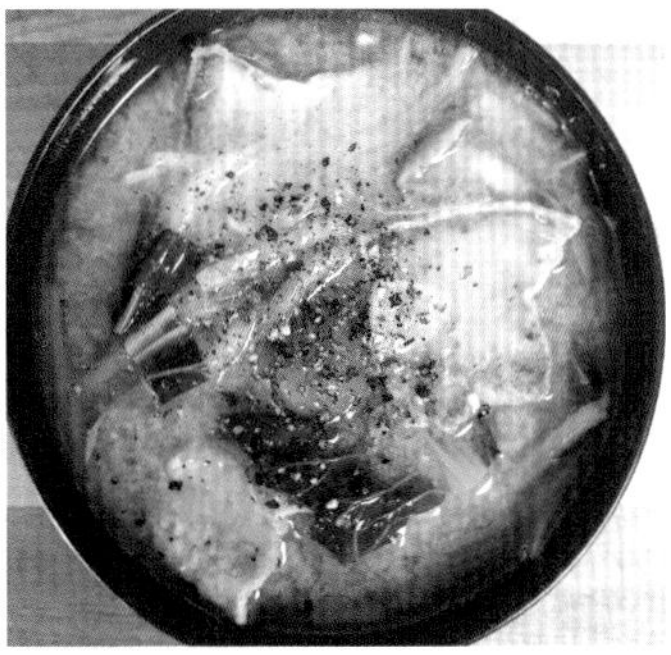

にんにくをたっぷり使った豚ばら炒め入り。黒こしょうをきかせて（2018/6/17）。

出来立ての酒粕で作る酒粕汁。酒粕は冬のこの時期が特においしい（2018/1/19）。

大晦日の慌ただしい朝の一杯。豆腐は切らずに入れて。これもあり（2017/12/31）。

キャベツとひき肉のにんにく炒めを入れてガツンと食べごたえを（2018/5/12）。

新鮮なじゅんさいをたっぷり入れたぜいたくな味噌汁（2022/7/17）。

挑戦していなかった食材、はんぺん。焼いて入れたらおいしい！（2019/1/21）。

ねぎとみょうがを焼いて味噌汁に。驚くほど味が深まる（2021/9/7）。

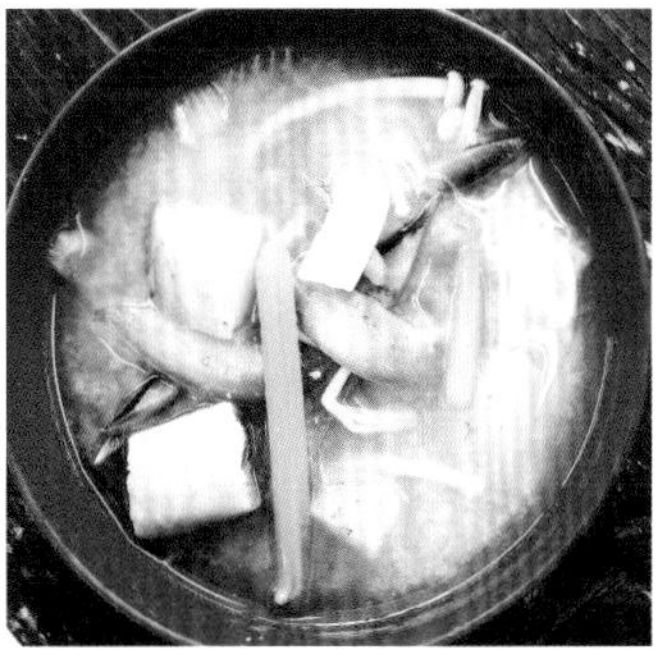

「この一杯で朝食終了！」インスタグラムを始めた頃の味噌汁（2015/7/9）。

いつものごはんは自由に組み合わせて

「今日は何にしようかな？」と毎日の食事の献立は迷うこともありますが、鈴木家の食卓には、いつも旬の食材と発酵調味料で作った料理が並びます。

1日、もしくは数日であらかたバランスを取る

朝は味噌汁と決まっていますが、昼と夜はいろんなものをいただきます。

ある冬の昼食では、りんごと春菊のサラダ、豚肉の炒め物など。りんごは料理とは別にまるごと1個食べてしまいます。横手のりんご「ふじ」は収穫時期の11月、格別においしいんです。大好きな菓子パンも週に1回くらい食べますが、おかずは秋刀魚に白和えでもかまいません。むしろ、甘い菓子パンにしょっぱい秋刀魚が絶妙に合って、新しい発見もあります。1・5人前のパスタもぺろりといただきます。

お店で提供している食事とは一見かけ離れているように見えますが、旬の食材を取り入れ、発酵調味料を使った料理にはかわりありません。違っているのは、「いつものごはん」は自由に組み合わせて食べるということ。家族や自分のための食事は、毎食完璧な献立でなくても、1日、もしくは数日であらかたバランスが取れていればいいと思っています。

生まれ育った麹屋には、若衆から年寄まで、家にはいつも大勢の老若男女がいました。そのため食卓は、お刺身とご飯にスパゲティというようなばらばらの料理が並ぶのが常でした。今思えば、好みや食べる量が選べる合理的な食事だったのかもしれません。

そんな環境で育ったので、献立を優先するというよりは、食事は自由な組み合わせで、という考えに自然になったように思います。毎日のことですから、それくらいでちょうどいいんじゃないかと思っています。

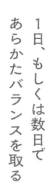

りんごまるごと１個食べる、冬のある日のごはん

三五八カリカリ春菊サラダ
↓114ページ
三五八をオリーブ油で香ばしく炒って春菊と和えました。

にんじんしりしり
↓85ページ
にんじんを塩麹とオリーブ油で炒めた素朴でシンプルな一品。

豚肉味噌バターりんご炒め
↓58ページ
豚肉を麹液に漬けると、ふっくら柔らかくなります。りんごと一緒に炒めて。

ソウルフード「ポップ・ヒット」と秋刀魚がなぜか合う、ある日のごはん

ほうれん草の白和え
↓55ページ
すり鉢で衣を作って、ほうれん草と和えました。味噌風味の白和えです。

秋刀魚まるごと塩麹漬け焼き
↓76ページ
ワタまで塩麹の味がしみて、まるごと一匹ぺろりと食べられます。

しいたけの三五八にんにく炒め
↓106ページ
三五八の塩味がほどよくからんだしいたけの炒め物。

1.5人前のパスタを思いっきり食べたい、ある日のごはん

塩麹ポテサラ
↓81ページ
温かいところをいただくホットサラダ。塩麹がほんのりやさしい甘さ。

甘さけソーダ
↓125ページ
お好みのジャムを入れて、甘さけを加えてソーダで割ります。

三五八トマトソースパスタ
↓110ページ
三五八の食感が楽しいトマトソース。ソーセージやしめじなどと一緒に炒めて。

味噌玉

ポップでカラフルな味噌玉が楽しい！

「味噌玉」というのをご存じでしょうか。文字通り味噌を丸めたもの。戦国時代、戦場に向かう武士が貴重なたんぱく源として携帯したとされています。

味噌玉はお湯で溶かすだけで温かい味噌汁になり、まさに日本人が昔から食べているインスタント食品！　お湯が用意できればお弁当と一緒に持っていってもいいですし、災害時の避難食としても重宝します。

味噌に好みの食材をトッピングしたり、混ぜたり、まぶしたりすれば、ポップでカラフルになり、見ているだけでも楽しくなります。ベーコンやチーズなどを混ぜてもいいですし、干し野菜や乾物、ドライフードなら日持ちもします。うま味のあるかつお節や削り粉と一緒に丸めれば、風味もよくなり、スパイスを混ぜればひと味違った味噌汁になります。

分量の目安は、いつもの味噌汁同様、１杯分の味噌15gを丸めれば１人分の味噌玉です。お湯の目安は１５０㎖です。

味噌玉をマグカップやお椀に入れて、熱湯を注ぎ、よく混ぜて溶かすだけで味噌汁の出来上がり。

麹のレシピ

味噌を使った料理のコツ

味噌汁にはじまり、漬けても焼いても、煮ても、味噌はどんな食材もおいしくしてくれます。味噌料理のコツとポイント、注意点をまとめました。

香りとコクが味噌の持ち味

「味噌汁は煮えばな」と言われるように、味噌汁は煮立たせてはいけません。材料に火が通ったら、火を止めて味噌を溶き入れます。味噌独特の香りが飛ばないための基本です。また、味噌を鍋で練って火を通すことで香ばしさを引き出し、料理に使う方法も。「しょうが味噌（P68）」や「きゅうりと納豆の冷たい味噌汁（P70）」で紹介しています。

味噌はしょうゆではつかない香り、コク、甘みが特徴。マグロもしょうゆで漬けずに味噌で漬けると違った味わいに。「味噌漬けマグロの冷たい出汁茶漬け（P66）」をお試しください。

肉を漬け込んでから焼くときや、火を通してからの味つけにも活躍します。「肉巻き味噌おにぎり（P68）」や「豚肉味噌バターりんご炒め（P58）」もおすすめです。味噌は少し焦げやすいので火加減には注意しましょう。

そのほか、味噌だれやドレッシング、洋風の料理の隠し味に入れても。

煮物や煮込みに味噌を使う場合もあります。「味噌角煮（P60）」など素材そのものからうま味が十分に出る料理は、味噌で煮ることでさらにコクや深みが出ます。

調理のコツ・ポイント

「味噌汁は煮えばな」と言われるように煮立たせるのはNG。香りや風味が飛ばないよう、火を止めてから溶き入れます。

味噌を焼きつけることで、香ばしくし、コクが出ます。「焦がし味噌」などと呼ばれ、香りを立たせたいときに試してください。

味噌の効果

マグロはしょうゆ漬けが一般的ですが、味噌で漬けてもおいしいです。しょうゆでは出ないコク、甘みが味噌ならつきます。

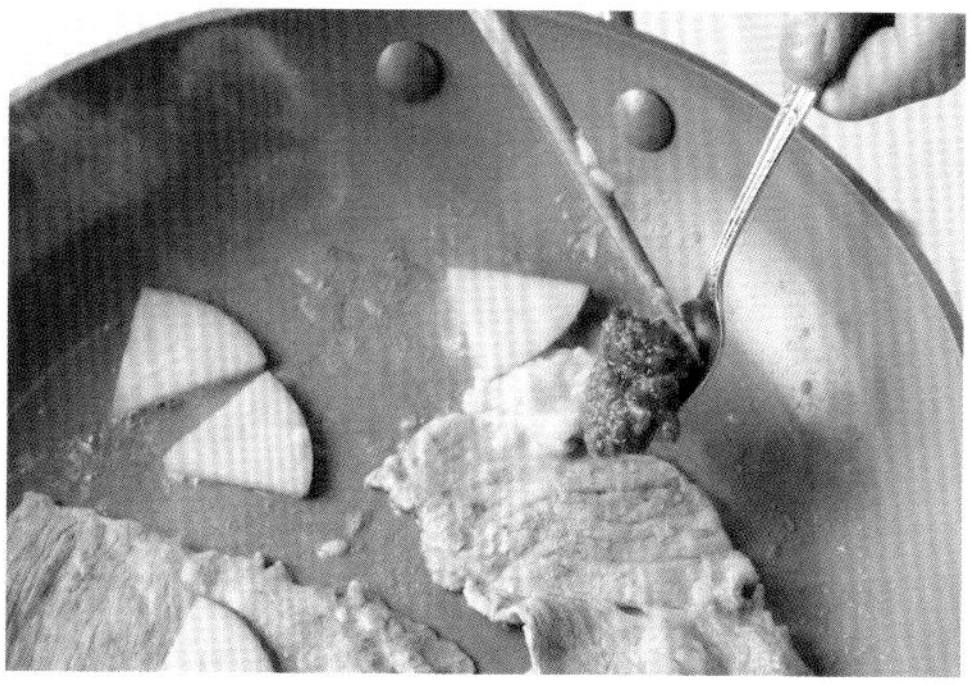

肉も味噌で調味して焼くことで、香ばしさ、コク、甘みが出て、独特の風味が味わえます。

味噌汁作りの必需品

目盛りが付いている雪平鍋は出汁の量が簡単に計れます。

一杯が150mlのお玉。味噌汁一杯程度の出汁が計れて便利。

味噌マドラーは一杯分（出汁150ml）の味噌15gが取れます。

味噌と酒粕のコンビが香ばしい

鶏もも酒粕味噌焼き

材料〈2〜3人分〉

鶏もも肉……250g
板粕……20g
出汁(昆布)……20g
味噌(P22)……40g
こめ油……適量
酒……適量

板粕は板状の酒粕。酒粕はほかに形状の違うばら粕、練り粕があります。

作り方

1 鶏肉は食べやすい大きさに切る。
2 板粕を出汁でのばし(a)、味噌を加えて混ぜる。
3 保存袋に**1**と**2**を入れてもみ込み(b)、冷蔵室に3〜6時間おく。
4 フライパンに油を熱し、皮面から焼く(c)。少量の酒をふり、ふたをして蒸し焼きにし(d)、中まで火を通す。

板粕が溶けにくい場合は、電子レンジか湯せんで温めるか、ミキサーで砕いてもOK。

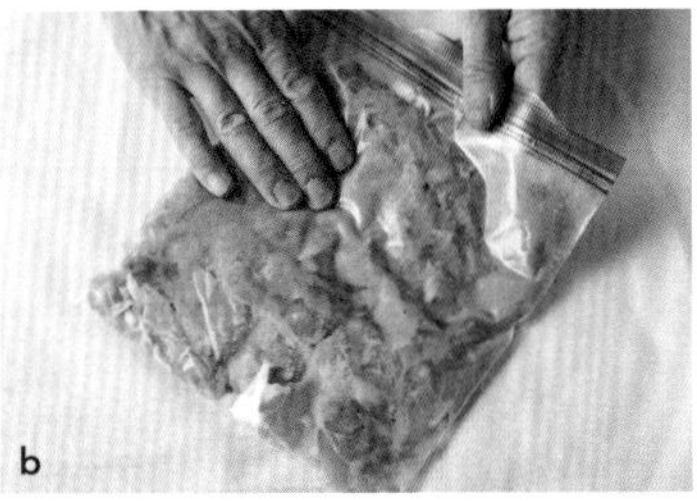

point

酒粕味噌は焦げやすいので、焼く前にきれいにこそげ取りましょう。

酒粕：出汁：味噌＝1：1：2。酒粕味噌は酒粕汁、鍋などに使えます。

日本酒のもとになる
もろみを搾った際に出る酒粕。
搾りが行われる1〜2月頃が
酒粕のおいしい時期です。
酒粕を出汁で溶き、
味噌を加えた酒粕味噌に
鶏肉を漬け込みました。

たくさん作って
たくさん食べる
夏野菜のつくりおき

和風カポナータ

夏野菜を消費したくて
生まれたレシピ。
簡単なのに
めちゃくちゃおいしい！
出来立ても冷めても
おいしいから
いつも大量に作ります。

材料〈作りやすい分量〉

たまねぎ……1個
トマト……2個
なす……2本
ズッキーニ……1本
セロリ……1本
蒸し豆（ミックス）……少々
にんにく（みじん切り）
……2片分
オリーブ油……大さじ2
味噌（P22）……50g
みりん……50ml

作り方

1 野菜はすべて大きさを揃えて1.5～2cm角くらいに切る（a）。
2 フライパンにオリーブ油とにんにくを入れて火にかけ、香りがしてきたらたまねぎ、トマトを炒める（b）。
3 火が通ったら残りの野菜を入れて炒め合わせる。
4 全体に火が通ったら味噌とみりんを加えて混ぜる。
5 最後に蒸し豆を入れ、ひと煮立ちさせる。

a

b

たまねぎとトマトを先に炒めます。

味噌の風味がフワッと香る

ほうれん草の白和え

和え衣を作るとき、
すり鉢を押さえる係は
姉や私。母が味見にと、
白和えを私の口に
放り込んでくれた……。
白和えはお手伝いの
思い出の味。

材料〈作りやすい分量〉

ほうれん草……1/2袋
にんじん(せん切り)……1/3本分
豆腐(木綿)……1/2丁(200g)
炒りごま(白)……大さじ2
砂糖……大さじ2
味噌(P22)……大さじ1+1/2
合わせ出汁(煮干しと昆布)……適量

作り方

1 すり鉢で炒りごまをすり、砂糖、味噌、少量の出汁を加えて混ぜ合わせる(a)。
2 鍋に湯を沸かし、豆腐を3分ほどゆでてさらしで絞って冷まし(b)、1と合わせてなじませる。
3 ほうれん草とにんじんはそれぞれゆでる。ほうれん草は切ってかたく絞って冷まし、にんじんも絞って冷ます。
4 3の野菜を2と和える。
※味がぼやけている場合は塩(分量外)で調整する。

さらしがなければガーゼでもOK。

夏の豊富な新鮮野菜としっとり蒸し上げた鶏ハムを使った 棒《バン》棒《バン》鶏《ジー》サラダ

きゅうりがたくさん
とれる盛夏の定番料理。
自家製鶏ハムには
三五八カリカリ
(⇒作り方はP114)を
のせてもおいしい！

材料〈作りやすい分量〉

鶏ハム……全量
※鶏ハムの作り方は右を参照。
きゅうり(5mm幅の細切り)……2本分
トマト(薄切り)……1個分
もやし……1/2袋
A
すりごま(白)……大さじ2
ごま油……大さじ2
味噌(P22)……大さじ2
酢……大さじ1＋1/2
砂糖……大さじ1＋1/2
しょうゆ……大さじ1
豆板醤……お好みで

作り方

1 Aを合わせてたれを作る。
2 もやしはゆでて冷ます。鶏ハムはほぐしておく(a)。
3 きゅうり、トマト、2を皿に盛り、1をかける。

a

鶏ハムの作り方

1 鶏むね肉1枚(約350g)に重さの5%の塩麹を塗り、冷蔵室で一晩漬ける。※24時間以上漬けるとおいしい。
2 ホイルで包んで(b)、蒸気の上がった蒸し器に入れ、10分蒸し、火を止めて余熱で8分蒸らす(c)。

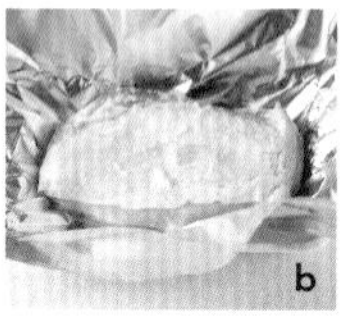
b

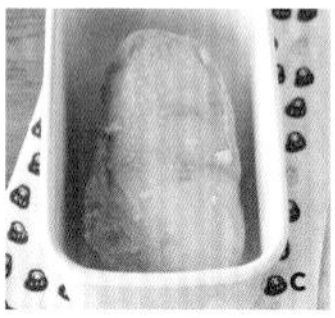
c

ホイルでふんわりと包みます。

新鮮ないかが
手に入れば
味噌風味の塩辛に

いかの味噌塩辛

焼いても絶品！
違った味わいに。

祖母から受け継いだレシピ。
いかをワタと味噌で
和えるだけ。酒のあてにも
ご飯のおともにもなる
一品です。

材料〈作りやすい分量〉

いか……1杯(300〜350g)
味噌(P22)……20g　※いかの大きさで調整。

作り方

1 いかは足ごとワタを引き出して軟骨を取り、胴はきれいに洗って皮をはぎ、ワタから墨袋をはがしておく(a)。
2 くちばしと目、吸盤を取って、食べやすい大きさに切る。胴は細切りにする(b)。
3 ボウルにワタを出し(c)、味噌を加えて溶く(d)。
4 2を3に入れてよく和える。
5 器に盛ってから、レモン一切れ(分量外)を搾る。

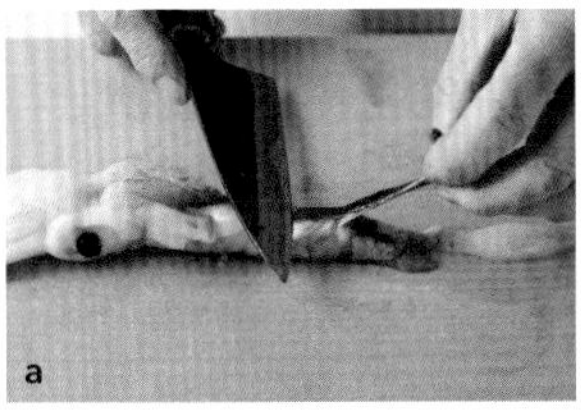

a

b

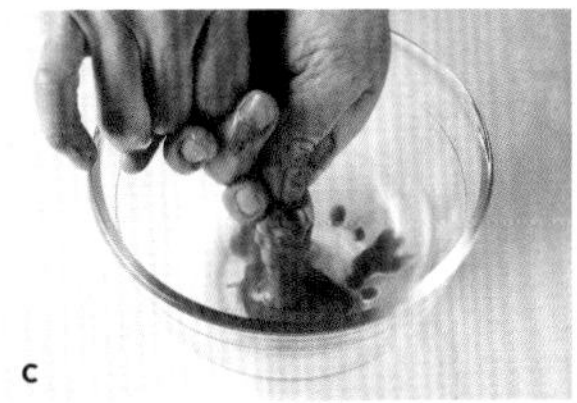

c

ワタを袋から絞り出します。

d

味噌の分量はいかの大きさで調整。

豚肉を「麹液」に漬ければ
ふっくら柔らかな焼き上がりに

豚肉味噌バター
りんご炒め

米麹の粒々を砕いてなめらかな麹液にするには、フードプロセッサーを使うと便利。

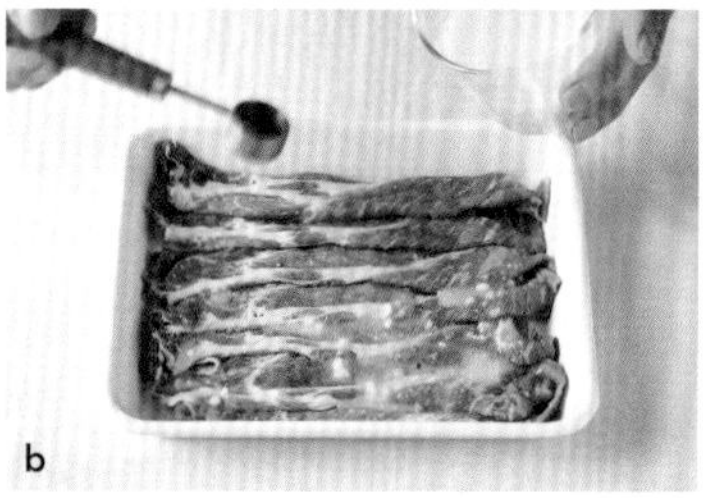

材料〈3人分〉

豚肩ロース肉(しょうが焼き用)
……6枚
A | 米麹……30g
  | 水……120ml
りんご(皮つきのいちょう切り)……10枚程度
甘さけ(P28)……大さじ1
味噌(P22)……大さじ1
バター……適量
こめ油……適量

作り方

1 Aをフードプロセッサーですりつぶし、麹液を作る(a)。豚肉に麹液をかけて(b)、冷蔵室に一晩おく。
2 フライパンに油を熱し、肉を焼く。
3 途中でりんごを加え(c)、りんごがやや温まったら、甘さけ、味噌、バターの順に加えて(d)、肉にからめる。

point

麹液に漬けることで、肉のたんぱく質が分解されて、柔らかくなります。

気温がぐっと下がり、
早生りんごがとれ始めると
作る料理です。
酸っぱい紅玉りんごが
相性◎。これを食べると
もうすぐ冬が来るんだなあ
と感じます。

味噌角煮

炊飯器で作る
味噌味のトロトロ角煮

a

b

c

d

e

材料〈作りやすい分量〉

豚ばら肉ブロック……250g
じゃがいも……3個
長ねぎ……1本
しょうが(薄切り)……2枚
にんにく……1片
A　味噌(P22)……大さじ3
　　砂糖……大さじ2
　　しょうゆ……大さじ1

作り方

1 豚肉は食べやすい大きさに切り、熱したフライパンで油をひかずに表面を焼く(a)。
2 炊飯器の内釜に1と長ねぎの青い部分(ぶつ切り)を入れ、ひたひたの水(分量外)を注いで(b)、炊飯器の炊飯スイッチを押し、下ゆでする。
3 固まった脂と長ねぎを除き(c)、豚肉を取り出し、ゆで汁を冷ます。
4 炊飯器のゆで汁にAを加えて溶き(d)、3の豚肉とじゃがいも(皮をむいて大きめに切る)、長ねぎの白い部分(ぶつ切り)、しょうが、にんにく(つぶす)も入れる(e)。
5 炊飯スイッチを押せば、出来上がり。

息子が大好きなおかずです。
“やさしい角煮”。これ以上の
表現が思いつきません。
豚肉のうま味がじゃがいもに
しみて、長ねぎもくたくた。
おいしいのひと言！

棒餃子

何もつけなくても
おいしい味噌味の餃子

ひき肉は鶏もも肉がおすすめですが、豚肉でもOK。

材料〈2人分〉

キャベツ……30g
A ひき肉……130g
　しょうが(みじん切り)……小さじ1/2
　にんにく(すりおろし)……小さじ1/2
　ごま油……大さじ1
　味噌(P22)……小さじ1
　こしょう……少々
大葉……8枚
餃子の皮……8枚
こめ油……適量

作り方

1 キャベツは刻み、塩ひとつまみ(分量外)をふっておく。
2 キャベツの水分を絞ってボウルに入れ、Aを加えて粘りが出るまで混ぜる(a)。
3 餃子の皮に大葉、2をのせて(b)、巻く(c)。
4 フライパンに油を熱し、餃子の巻き終わりを下にして並べ、皮に焼き目がついたら裏返し、ふたをして蒸し焼きにする(d)。中まで火が通ったら出来上がり。

a

b

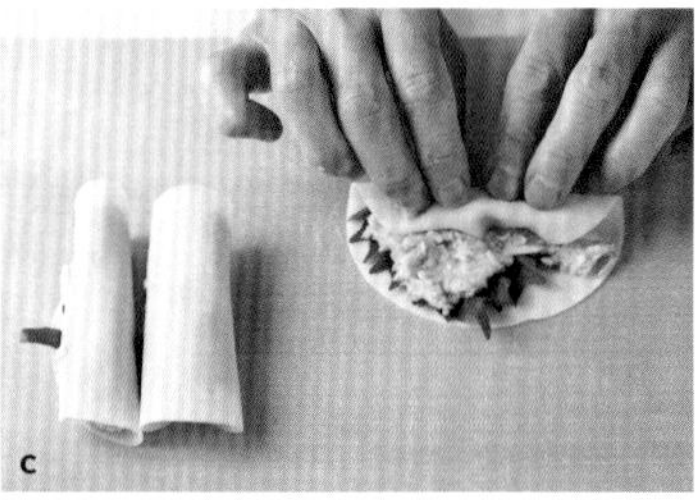
c

餃子の皮は大判サイズでもOK。包みやすい大きさのものを使ってください。

d

くるくると
巻くだけだから
きれいに包めなくてもOK。
大きな皮で包んでもいいし、
ひと口サイズにしても。
この餃子なら
誰でもできます！

祖母の思い出の味を
味噌味にアレンジ

味噌ひき肉丼

野菜とひき肉を別々に炒めることで、野菜のしゃきしゃき感を残したひき肉丼に。

材料〈2～3人分〉

鶏ひき肉……300g
たまねぎ……150g
ピーマン……1個
にんじん……1/8本
しいたけ……2枚
しょうが(みじん切り)……15g
にんにく(みじん切り)……15g
味噌(P22)……大さじ2
砂糖……大さじ1
こめ油……大さじ2
温かいご飯……丼2～3杯分

作り方

1 たまねぎは薄切り、ほかの野菜はみじん切りにする。
2 フライパンに油大さじ1を熱し、たまねぎ、にんじん、しいたけを炒め(a)、取り出す。
3 フライパンに残りの油としょうが、にんにくを入れて火にかけ、香りがしてきたらひき肉を加えてよく炒める(b)。
4 **3**に**2**を加え(c)、味噌と砂糖、ピーマンを入れて味がなじむまで炒める(d、e)。
5 器にご飯を盛り、**4**をかける。

しょうゆベースの
祖母のレシピを
味噌ベースに改良しました。
鶏ひき肉なら冷めても
おいしいです。白ご飯が
すすむ、わが家定番の丼。
お弁当にもいいですよ。

暑い夏に食が
すすむ究極の一杯

味噌漬けマグロの冷たい出汁茶漬け

マグロがねっとりと
漬かって美味。
暑い夏にざざっと
かき込んで食べるのが
なんとも言えず、
おいしいんです。

材料〈2人分〉

マグロ赤身（角切り・刺身用）
……150g
A｜味噌（P22）……40g
　｜練りわさび……お好みで
ご飯……茶碗軽く2杯分
野菜の味噌漬け（たくあんでもOK）
……適量
梅干し……2個
合わせ出汁（煮干しと昆布、
冷やしておく）……200ml
もみのり……適量
炒りごま（白）……適量

作り方

1 Aを合わせてマグロにからめ(a)、冷蔵室で一晩漬ける。
2 ご飯は流水でさっと洗い、水けをきって丼に盛る。
3 1と野菜の味噌漬け、梅干しを2にのせて静かに出汁を注ぐ(b)。
4 もみのりと炒りごまを散らす。

a

マグロにからめた後、乾燥しないようラップをします。

b

元気の源、
カツオの出汁が
効いている

カチューユー
ねこまんま

子どもの頃、
風邪をひいたとき祖母が
作ってくれるおかゆは
味噌味でカツオ節が
添えられていました。
熱っぽいとき、簡単に
お腹が満たされるので
今でもよく食べます。

材料〈2人分〉

豆腐(できればおぼろ豆腐)……100g
合わせ出汁(カツオと昆布)
……300ml
味噌(P22)……30g
温かいご飯……茶碗2杯分
梅干し……1個
練りわさび……適宜
カツオ節……多め
もみのり……少々

作り方

1 出汁に豆腐を入れて火にかけ、沸騰したら火を止めて味噌を溶く(a)。
2 ご飯を器の中央に盛り、半分にちぎった梅干し、お好みでわさびを添える。
3 **2**に**1**を注いで(b)、たっぷりのカツオ節と、もみのりを散らす。

a. 味噌の風味が落ちるため火を止めます。**b.** 炊き立てご飯にかけて。

memo　カチューユーとは、沖縄の汁物料理でカツオ湯、かちゅー湯と書きます。普段私が使う出汁は煮干しですが、元気が出るように、カチューユー風に出汁にカツオを使い、豆腐も入れて、ねこまんまにしました。

ボリュームたっぷり!
しょうが味噌おにぎりも一緒に

肉巻き味噌おにぎり

材料〈2～3人分〉

豚薄切り肉(部位はどこでも)
……200～250g
米……1.5合
塩麹(P24)……2.5g
A 味噌(P22)……30g
しょうゆ……大さじ2
酒……大さじ2
たまねぎ(すりおろし)
……1/2個分
にんにく(すりおろし)
……1片分
しょうが(すりおろし)
……にんにくと同量
炒りごま(白)……小さじ1

作り方

1 米をといで浸水させた後、塩麹を入れて炊く(a)。
2 Aを合わせてたれを作り、豚肉をたれに漬け(b)、冷蔵室に1時間おく。
3 おにぎりを6個作り、2を巻く(c)。
4 熱したフライパンで3を焼く(d)。

a

塩麹を入れて米を炊くとご飯がべたつかず、食感のいいおにぎりができます。

b

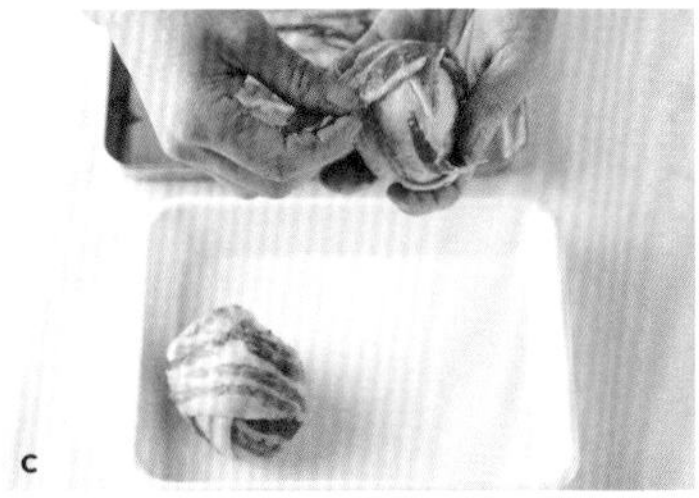
c

d

わが家のつくりおきおかずの定番、「しょうが味噌」。味噌を加熱することでうま味と甘みが増します。おにぎりはもちろん、おでんに、ディップに、お餅にも合います。

しょうが味噌の作り方

味噌150g、しょうが(みじん切り)30g、甘さけ(P28)大さじ1、砂糖大さじ2を鍋に入れて弱火にかけ(a)、木べらなどで練る。へらで持ち上がるくらいまで水分を飛ばす(b)。冷蔵で1か月保存可能。

しょうが味噌

a

b

大人も子どもも
大好きな肉巻きおにぎり。
出来立てはもちろん
冷めてもおいしいから
お弁当に向いています。
しょうが味噌も
おにぎりに最適。

きゅうりと
ひきわり納豆の
夏のお椀

きゅうりと納豆の冷たい味噌汁

味噌を焼き、秋田発祥と言われるひきわり納豆が入ることでグッと力強い味噌汁になります。食欲のない夏の味噌汁。ご飯にぶっかけて食べるのがおすすめです。

材料〈2人分〉

豆腐(木綿)……1/6丁(約65g)
きゅうり……1/3本
納豆(ひきわり)
……1/2パック
すりごま(白)……少々
出汁(昆布、冷やしておく)
……300ml
煮干し粉……大さじ2
味噌(P22)……30g
大葉……1枚

作り方

1 鍋に味噌を入れ、火にかけて練る。香りが出て少し焦げるぐらいがベスト(a)。
2 納豆とすりごまを合わせておく。豆腐は水をきり、手でちぎる。
3 出汁に煮干し粉を入れて混ぜ、濃いめの合わせ出汁にする。
4 3に味噌を加える(b)。
5 お椀に2ときゅうり(薄い輪切り)を入れ、4を注ぎ入れ、大葉(せん切り)をのせる。

a

鍋で練って香ばしさを引き出します。

b

味噌汁は実を選ばない！

きゅうりとろとろかきたま汁

夏でも熱々の味噌汁を好む
わが家の定番。
煮たきゅうりのとろとろの
食感がやみつきに。
味噌はどんな実も
おいしくします。

材料〈4人分〉

きゅうり……1本
溶き卵……1個分
たまねぎ(薄切り)……1/2個分
油揚げ(4等分に切る)……1/2枚
きのこ(しいたけ、しめじなど)……適量
合わせ出汁(煮干しと昆布)……600ml
味噌(P22)……60g

作り方

1 きゅうりはピーラーで薄切りにする。
2 出汁に溶き卵と味噌以外の材料を入れ、きゅうりが半透明になるまで煮る(a)。
3 溶き卵を回し入れ、卵がフワッと浮いてきたら火を止め(b)、味噌を溶き入れる。

きゅうりが透き通るまで煮ると食感も香りもよくなります。

わが家の冬の
ごちそう味噌汁と
いえば、これ！

酒粕汁

麹たっぷりの味噌と
酒粕の相性がいいです。
味噌と出汁で溶いた板粕は
1対1の割合がバランスよし。
魚の酒粕汁が苦手な人は
豚汁に酒粕を入れて。

材料〈2人分〉

サーモン（切り身）
……1切れ（2等分する）
大根（いちょう切り）……1cm分
えのきだけ（3cm長さに切る）
……1/10袋（20g）
長ねぎ（斜め薄切り）……少々
豆腐（木綿）
……スプーンで2すくい
板粕……30g
出汁（昆布）……330ml
（汁用300ml、板粕用30ml）
味噌（P22）……30g

作り方

1 板粕を同量の出汁で溶いておく。
2 出汁を温めてサーモンを入れ、火が通ったら引き上げる（a）。
3 大根とえのきだけを入れ、大根に火が通ったらサーモンを戻す（b）。
4 長ねぎと豆腐を加え、火が通ったら味噌と1を溶き入れる。

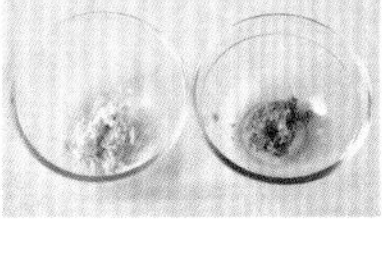

point
板粕と味噌は1対1が黄金比です。

a

火を通してから戻せば固くなりません。

b

シンプルだから
牡蠣の味が
堪能できる

牡蠣の味噌汁

実だくさんにしがちな
私の味噌汁も、牡蠣だけは
シンプルにいただきます。
牡蠣のおいしさが
味わえる一杯です。

材料〈4人分〉

牡蠣むき身……8粒
酒……適量
えのきだけ(3cm長さに切る)
……1/8袋(25g)
出汁(昆布)……600ml
味噌(P22)……60g
大根おろし……適量

作り方

1 牡蠣は鍋に入れ、牡蠣がつかるくらいの酒で表面が白くなる程度に煮る(a)。
2 出汁を火にかけ、えのきだけを入れ、沸いてきたら1を加えて火を止め(b)、味噌を溶き入れる。
3 お椀に盛りつけ、大根おろしをのせる。

酒で煮ることで臭みを消します。

塩麹を使った料理のコツ

塩麹の魅力は「漬けておくだけでおいしくなる」こと。
奥深い味わいなので、味つけも塩麹だけでばっちり。
塩麹料理のコツとポイント、注意点をまとめました。

肉や魚を柔らかくして味もピタッとキマる！

塩麹がもっとも力を発揮するのは、肉や魚を漬けたとき。肉や魚のたんぱく質が分解されて柔らかくなります。野菜を漬ければ漬け物にも。肉、魚、野菜を漬けるなら素材の重さの5％の塩麹で漬けるのが目安です。

塩麹に含まれる米（おかゆ）のほんのりとした甘みも感じます。そのため、塩麹だけでもおかずの味がピタッとキマる便利な調味料です。「根菜きんぴら（P80）」や「にんじんしりしり（P85）」の味つけは塩麹だけで完成します。

また、素材の味を引き立たせる効果もあります。ご飯とさつまいもの甘みを際立たせている「さつまいもご飯（P95）」で実感してほしいです。

調理の注意点としては、塩麹に含まれる糖分が焦げやすいので、火加減に気をつけて調理します。揚げ物は二度揚げすると焦げずに中まで火が通ります。また、たくさん使わなくてもしっかり味がつくので、スケールや計量スプーンを使って計って入れてください。

塩麹にしいたけを加えた「塩麹しいたけ（P88）」は味の奥行きを作る万能うま味調味料。ひき肉代わりに炒め物に入れたり、卵焼きに混ぜたり、ご飯にのせて食べてもおいしいです。「素揚げじゃがいも塩麹しいたけ和え（P88）」でどうぞ。冷蔵で20日程度、小分けして冷凍で3か月保存可能です。

調理のコツ・ポイント

炒め物などの場合は、最初から分量をすべて入れるのではなく、味を見ながら入れるといいでしょう。

塩麹で漬けた肉や魚は焦げやすいので、揚げ物の場合は二度揚げをすると余熱で火が通り、焦げません。

塩麹の効果

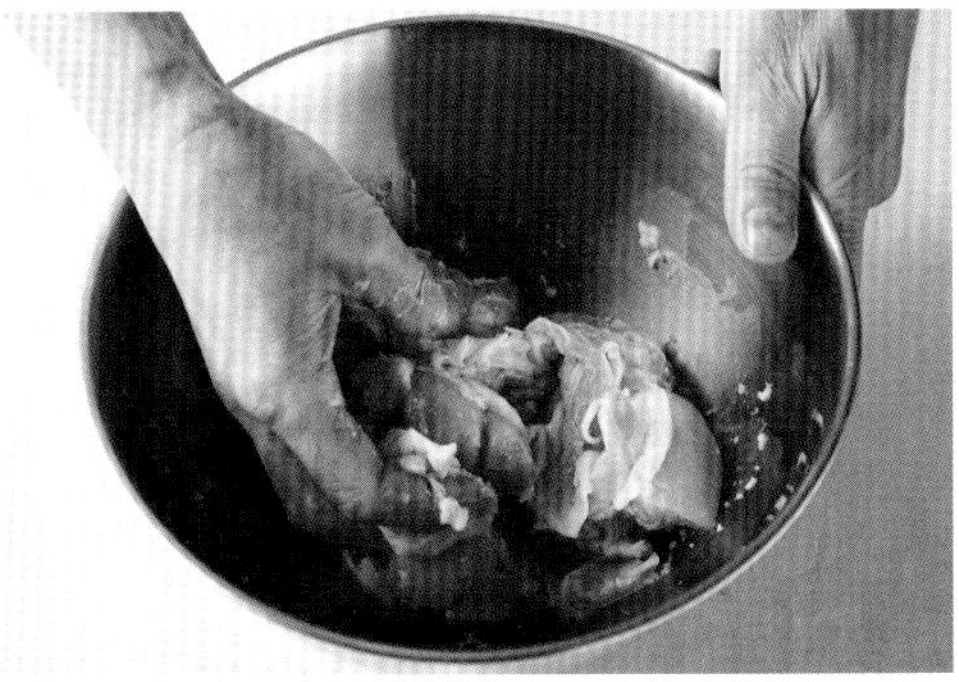

肉や魚を塩麹で漬けると、塩麹に含まれる酵素の働きでたんぱく質が分解され、柔らかくなります。

ご飯に塩麹をまぶすと、ご飯の表面のネバネバが分解され、チャーハンにしてもぱらぱらになります。

万能うま味調味料「塩麹しいたけ」

フライパンにオリーブ油とみじん切りにしたにんにくを熱し、香りがしてきたら切ったしいたけを入れて炒めます。しいたけがしんなりしてきたら塩麹を入れてさらに炒め、フードプロセッサーに入れてみじん切りにすれば完成。塩麹にしいたけのうま味が加わり、料理の味の奥行きを作ります。→P88

まるごと
漬かっているので
ワタもおいしい

秋刀魚まるごと塩麹漬け焼き

鮮度がよければ焼いても
ワタが流れ出ません。
旬の時期にぜひ試して
ください。麹の力で
ムチッとした食感になり、
しょうゆを使わなくても
おいしいです。

材料〈4人分〉

秋刀魚……4尾
塩麹（P24）
……秋刀魚の重さの5%

作り方

1 秋刀魚をまるごと保存袋に入れ、塩麹をからめて（a）、冷蔵室で一晩漬ける（b）。
2 魚焼きグリルで焼く。

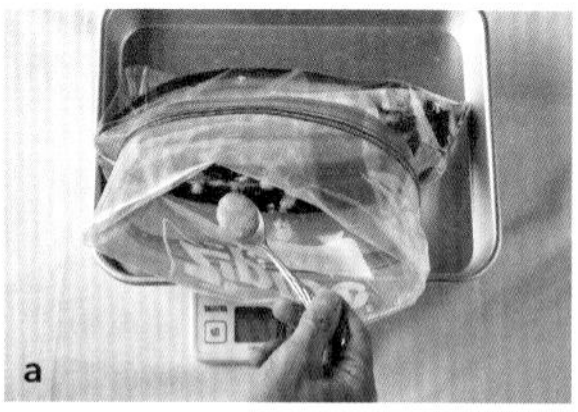
a

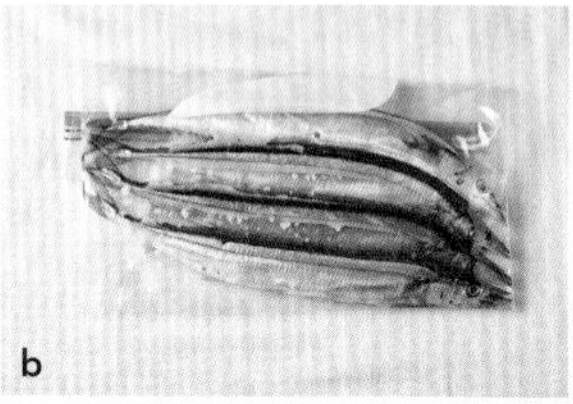
b

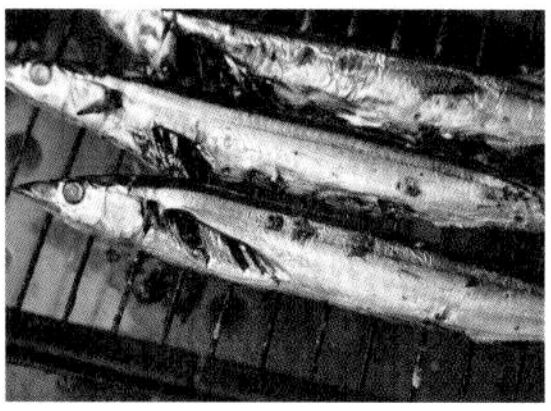

point

塩麹は取り除かなくてもOKですが、焦げやすいのでこまめに見ながら焼きます。

a. 秋刀魚の重さの5%の塩麹で漬けます。
b. 24時間以上漬けるとさらにおいしくなります。ただし2〜3日中には食べ切りましょう。

塩麹の働きで
魚と野菜が
ひとつにまとまる

白身魚のホイル蒸し

魚から出た出汁と
塩麹のうま味が
野菜全体をおいしくします。
出汁の受け皿になるよう、
白菜をいちばん下に
するといいですよ。

材料〈1人分〉

鱈など白身魚(切り身)
……1切れ(約100g)
白菜……1/2枚(50g)
えのきだけ……1/10袋(20g)
しいたけ……1枚
長ねぎ……少々
にんじん……15g
塩麹(P24)
……5g(魚の重さの5%)
酒……小さじ1程度

作り方

1 鱈は塩麹を塗って(a)、冷蔵室で2〜3時間漬ける(お好みで24時間以上漬けてもOK)。
2 白菜は2cm幅のそぎ切り、えのきだけは食べやすいようにほぐす。しいたけは四つ割り、長ねぎは斜め切り、にんじんはピーラーで薄切りにする。
3 アルミホイルに白菜を敷いて鱈をのせ、ほかの野菜をのせて少量の塩麹(分量外)、酒をふって包む(b)。
4 湯気が上がった蒸し器に入れ、鱈に火が通るまで8〜10分蒸す。

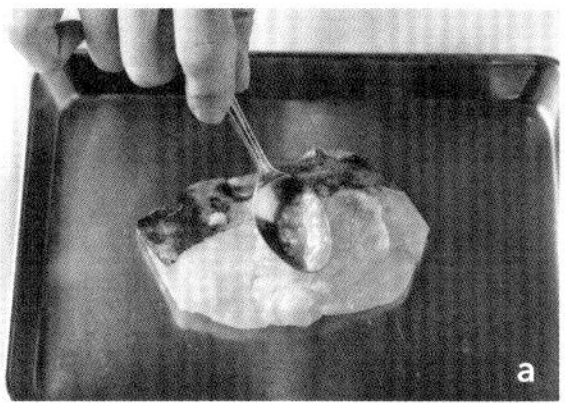

a

b

最初に白菜を敷きます。塩麹を少量加えるのがポイント。

冷めても
おいしいから
お弁当の
おかずに最適

塩麹
から揚げ

塩麹に漬けると
鶏肉が柔らかくなります。
揚げるときに
焦げやすいので、
二度揚げを。カリッと
揚がって最高に
おいしいですよ。

材料〈作りやすい分量〉

鶏もも肉……1枚(約300g)

A
- 塩麹(P24)……15g(鶏もも肉の重さの5%)
- しょうが(みじん切り)……1/2片分
- にんにく(みじん切り)……1/2片分

片栗粉……大さじ4

揚げ油……適量

作り方

1 鶏肉は食べやすい大きさに切り、Aをもみ込んで(a)、冷蔵室で一晩漬ける。

2 1に片栗粉をまぶし、160℃の油で揚げ、引き上げて2分ほど休ませる(b)。

3 油の温度を180℃にしてカラッと揚げる(c)。

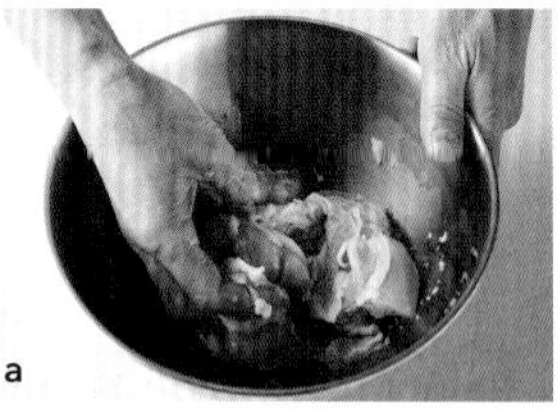
a

b

c

b. 塩麹の糖分で焦げやすいので二度揚げします。表面が白い段階で油から上げて休ませ、余熱で中まで熱を通します。**c.** 2回目に表面をカラッと揚げます。

フライパンをあおらなくても大丈夫!?

ぱらぱらチャーハン

麹の酵素が
ご飯の粘りを分解し、
くっつきにくくします。
テクニックいらずで
ぱらぱらの
チャーハンに！

材料〈1人分〉

冷ご飯(温かいご飯でも)
……茶碗1杯強(約200g)
塩麹(P24)
……6g(ご飯の重さの3%)
溶き卵……1個分
塩麹焼き鮭……50g
※作り方はP76の「秋刀魚まるごと塩麹漬け焼き」と同じ。
長ねぎ(粗みじん切り)
……10cm分
こめ油……適量
炒りごま(白)……少々

作り方

1 冷ご飯に塩麹をまぶしておく(a)。
2 フライパンに油を熱し、溶き卵を入れ、炒り卵にして皿に取る。
3 フライパンに油を熱し、1を炒める。ほぐした鮭と長ねぎ、炒りごまを加えてさらに炒める(b)。
4 3に2の卵を戻してざっくり混ぜる。

塩麹の酵素の力を利用して、ご飯のネバネバ（でんぷん質）をはがしておきます。

よく混ぜて米粒に塩麹をまぶします。ポリ袋に入れてまぶしても。

味つけは塩麹だけの簡単おかず

根菜きんぴら

わが家のつくりおきの
レギュラー選手。
これが料理？と心配に
なるくらい簡単ですが、
本当にこれだけで
おいしくなるのです。

材料〈作りやすい分量〉

れんこん……小1節(40g)
ごぼう……1/3本
にんじん……1/4本
こめ油……適量
塩麹(P24)……5g
炒りごま(白)……適量

作り方

1 れんこんは薄切り、ごぼう、にんじんは5cm長さの細切りにする。
2 れんこんを酢大さじ1(分量外)を入れた湯で1分ほどゆで(a)、変色を防ぐ。
3 フライパンに油を熱し、ごぼう、にんじんを入れて炒めたら、れんこんも加え、さらに炒める(b)。
4 しんなりしてきたら塩麹で調味して、炒りごまをふる。

a

酢でれんこんを色止めします。

b

ひと味違う
じゃがいもの
ホットサラダ

塩麹
ポテサラ

たまねぎの甘みと塩麹が
作り出す味の奥行き。
じゃがいもは温かいまま、
野菜とベーコンも
炒めてすぐを混ぜ合わせ、
ホットサラダで。

材料〈作りやすい分量〉

じゃがいも……500g
たまねぎ……300g
パプリカ……1/2個
ベーコン……20〜30g
無塩バター……15〜20g
塩麹(P24)……10〜15g
粗びき黒こしょう……少々

作り方

1 じゃがいもはふかしてつぶす。たまねぎは繊維に沿って薄切り、パプリカ、ベーコンは5mm角に切る。
2 フライパンにバターを溶かし、たまねぎとベーコンを炒める(a)。
3 たまねぎに火が通ったら、塩麹とパプリカを加えて混ぜ、火を止める。
4 3に1のじゃがいもを入れ、混ぜ合わせる(b)。
5 器に盛り、黒こしょうをふる。

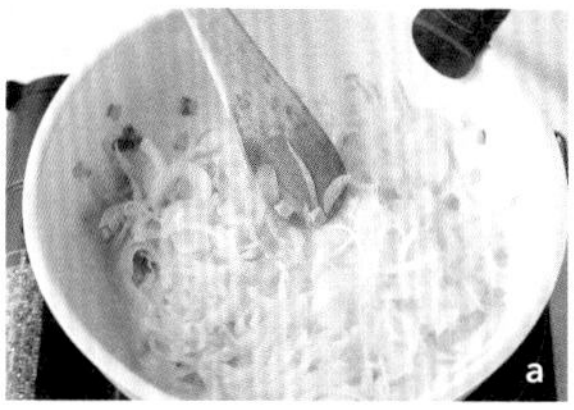

たまねぎを焦がさないように注意。

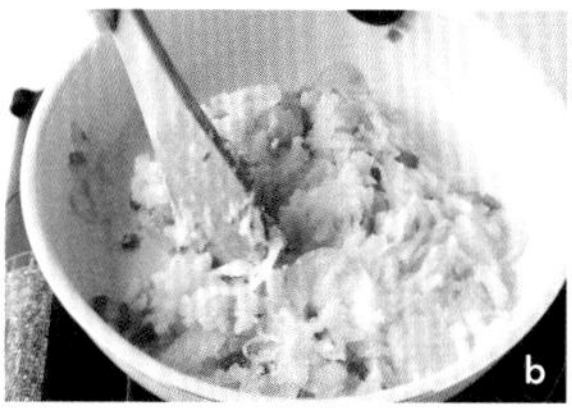

韓国人の友人が
教えてくれた本格派。
丸鶏の代わりに
骨つき肉で

参《サム》鶏《ゲ》湯《タン》

もち米をぐずぐずにしたかったら、最初からもち米を入れます。

材料〈作りやすい分量〉

鶏肉（骨つきもも、手羽元、手羽先など骨つきのもの、部位はお好みで。1種類でもOK）……600g
もち米……1合
（といで4時間以上浸水させる）
塩麹（P24）……大さじ2
参鶏湯用の薬膳キット……1袋
にんにく……1片
水……2L
長ねぎ……適宜

参鶏湯は高麗人参を入れますが、参鶏湯用のキットがあれば簡単で便利。

作り方

1 もち米、長ねぎ以外の材料を鍋に入れて強火にかけ、沸騰したら3分ほど煮る（a）。
2 1にもち米を加えてとろ火にし（b）、時々かき混ぜながら1時間ほど煮込む（c）。
3 器に盛り、お好みで小口切りにした長ねぎを散らす。

point
もち米は柔らかめ、固めなど、好みの固さでどうぞ。

豪快に骨をしゃぶり、
高麗人参もバリバリ
むしゃむしゃ食べます。
本場では調味料は
少量の塩のみですが、
私のレシピでは塩麹で
味の奥行きを出します。

箸休めにちょうどいい

塩麹ナムル

基本のナムルだれを
作ってから、調味料を
プラスして味変。
少し違う味わいが
楽しめる3種のナムルです。

材料〈作りやすい分量〉

•もやしナムル
もやし……1袋

•にんじんナムル
にんじん(細切り)……1本分
酢……小さじ1/2

•ほうれん草ナムル
ほうれん草(ざく切り)……150g
しょうゆ……小さじ1

［基本のナムルだれ］
すりごま(白)……大さじ3
ごま油……大さじ3
にんにく(すりおろし)……小さじ1/2
塩麹(P24)……小さじ1/2
こしょう……少々

作り方

1 野菜はそれぞれゆでる(a)。
2 基本のナムルだれをよく混ぜ合わせ、3等分する。
3 もやしは2で和える。にんじんは酢(b)、ほうれん草はしょうゆを基本のナムルだれに足して和える。

a

b

にんじん、ほうれん草は基本のナムルだれに調味料をプラス。

シンプルゆえに
にんじんの
甘みが際立つ

にんじんしりしり

こちらもつくりおきの定番。
「ああ、にんじんって
こんな味だったのか！」と
気がつく一品。
簡単すぎるのに
おいしくて困ります。

材料〈作りやすい分量〉

にんじん……2本
オリーブ油……適量
塩麹(P24)……小さじ1
炒りごま(白)……適量

作り方

1 にんじんはピーラーで薄切りにする。
2 フライパンにオリーブ油を熱し、にんじんを炒める(a)。
3 にんじんに火が通ったら塩麹を入れ、なじませる(b)。
4 器に盛り、炒りごまをふる。

にんじんを薄切りにすると、早く火が通ります。

冬の定番鍋で温まって。
〆はパスタがなぜか合う

塩麹と酒粕の鍋

a

b

c

d

材料〈4人分〉

豚薄切り肉（部位はどこでも）……500g
白菜……1/4株
長ねぎ……1本
春菊……5～6本
水菜……1/2束
にんじん……1/2本
しいたけ……4枚
えのきだけ……1袋（200g）
板粕……150g
出汁（昆布）……150ml（板粕用）、500ml（鍋用）
塩麹（P24）……30g（板粕と出汁の重さの10%）
粗びき黒こしょう……適量

作り方

1 豚肉、野菜は好みの大きさに切る。
2 板粕を出汁でのばし、塩麹を合わせておく（a）。
3 出汁を入れた鍋に**2**を加え（b）。味を見ながらよく溶かし（c）、具材を入れる（d）。火にかけ、煮えたら黒こしょうをふって出来上がり。

仕上げに黒こしょうをふって
食べたらおいしい！
冬の間に何度も食べます。
残った汁にゆでたパスタを
入れて、溶き卵をからめると
和風カルボナーラに
なりますよ。

塩麹しいたけを
揚げ立ての
じゃがいもと和えて

素揚げじゃがいも塩麹しいたけ和え

塩麹しいたけは
しいたけ×麹のうま味調味料。
ひき肉代わりに炒め物に
入れたり、卵焼きに混ぜたり。
もちろん、そのまま食べても
おいしいメシともです。

材料〈作りやすい分量〉

じゃがいも……3個
塩麹しいたけ……90g
※塩麹しいたけの作り方は右を参照。
揚げ油……適量

じゃがいもは二度揚げして中まで
熱を通し、カラッと揚げます。

作り方

1 じゃがいもは皮をむいてひと口大に切る。水にさらし、水分をふき取っておく。
2 1を160°Cと180°Cの油で二度揚げする(a)。
3 熱いうちにフライパンに移して火にかけ、塩麹しいたけと炒める。

塩麹しいたけの作り方

1 オリーブ油40mlでにんにく(みじん切り)3gを熱し、香りがしたらしいたけ(軸を取り、粗く切る)500gを入れて炒める。
2 しいたけがしんなりしてきたら塩麹(P24)25gを入れてさらに炒める(a)。
3 2をフードプロセッサーに入れてみじん切りにする(b)。

ビールがすすむ
酒の肴に
最適の一品

サーモンとアボカドの塩麹和え

サーモンとアボカド、
この組み合わせ、おいしく
ないわけがないです。
魚はマグロ、白身魚
なんでもOK。
夏ならトマトも入れて
さっぱりと。

材料〈1人分〉

- 刺身用サーモン……100g
- アボカド……1個
- レモン汁……少々
- 塩麹(P24)……小さじ1
- 練りわさび……適宜

作り方

1 サーモンとアボカドはサイコロ状に切る(a)。

2 アボカドにレモン汁をかけて変色を防ぐ。

3 1と2を塩麹とお好みでわさびで和える(b)。

a

アボカドはレモン汁で色止めします。

b

塩麹に甘さけをプラス。豚ひき肉の
うま味が増し、食感もアップ

ロールキャベツ

a

全体がなじむまで30分程度おきます。甘さけ効果で豚ひき肉がおいしくなります。

b

c

d

材料〈5個分〉

キャベツの葉……5枚
豚ひき肉……300g

A
- 卵……1個
- たまねぎ（みじん切りにして炒め、冷ましたもの）……1/2個分
- 甘さけ（P28）……大さじ1
- 粗びき黒こしょう、塩……各少々

B
- カットトマト水煮缶……1/2缶
- にんにく（みじん切り）……1片分
- ベーコン（みじん切り）……20g

C
- 塩麹（P24）……30g
- 水……500ml
- ローリエ……1枚（あれば）

作り方

1 豚肉とAを練り合わせ、しっとりとなじむまでおく（a）。
2 キャベツはしんなりするまでゆでて芯をそぐ。
3 フライパンにBを合わせてさっと煮て、Cを加えてさらに煮る（b）。
4 1を5等分に分けて2のキャベツで包む（c）。
5 3に4を並べ、中に火が通るまで煮る（d）。

豚ひき肉に
甘さけを混ぜるのは、
甘さのためではなく
肉の臭みをとるため。
肉がムチッとなって、
うま味も増します。

もう一品足りない
ときにはこれ

コールスローサラダ

野菜がたっぷりとれて
さっぱり、いくらでも
食べられます。
「もう一品ほしいなあ」
というときの
お助け副菜でもあります。

材料〈作りやすい分量〉

キャベツ……1/4個
きゅうり……1本
セロリ……5cm
にんじん……少量
ホールコーン(缶詰)……少量
ハム……2枚
A | 酢、砂糖……各大さじ1
  | 塩麹(P24)……小さじ1
  | こめ油……大さじ4

作り方

1 キャベツは小さめのざく切り、きゅうりとセロリ、にんじんは細切り、ハムは5mm角に切る。
2 Aを合わせておく。
3 1の野菜を少量の塩(分量外)でもみ(a)、しんなりさせておく。
4 野菜から出た水分を絞り(b)、ボウルに2とコーン、ハムとともに入れて混ぜる。冷蔵室で1時間ほどなじませたら食べ頃。

a
手でしっかりともみます。

b

たまねぎとかぼちゃのうま味が詰まった一杯

冷製ポタージュ

冷たくしておいしい！
かぼちゃをコーンや
じゃがいも、にんじんに
してもいいですよ。
温めて熱々を
いただくのももちろん、
イケます！

材料〈2人分〉

たまねぎ……1/2個
かぼちゃ……1/2個
牛乳……300ml
塩麹(P24)……20g
オリーブ油……少々
粗びき黒こしょう……少々

作り方

1 たまねぎとかぼちゃは薄切りにする。
2 鍋にオリーブ油を熱し、たまねぎを炒める。
3 たまねぎに火が通ったら、かぼちゃを上に並べてふたをし、竹串がすっと通るまで蒸す(a)。
4 ミキサーに**3**と牛乳、塩麹を入れ、なめらかになるまで攪拌する(b)。
5 冷蔵室で冷たく冷やして器に注ぎ、黒こしょうをふる。

a

焦げないように火加減は弱火で。もしくは水大さじ2(分量外)を入れます。

b

チーズみたいな
食感と味わい。
ご飯にのせても

豆腐の塩麹漬け

そのまま酒のあてに。
白いご飯にのせて
少量のオリーブ油、
粗びきこしょうをかけたら
豆腐丼の出来上がり。
ぐずぐずに崩して
かき込みます！

材料〈作りやすい分量〉

豆腐（木綿）……1丁（400g）
塩麹（P24）……24g（豆腐の重さの6%）

作り方

1 豆腐を3等分に切る（a）。
2 1に塩麹を塗り（b）、裏返してさらに塗る。
3 ラップをして、冷蔵室に一晩おく。

a

厚さを3等分にして切ります。

b

point

最初は少なめに塗って、裏返して多く塗ります。豆腐に塗った塩麹の味が上から下にしみていくため。

塩麹が
いもと米の甘さを
際立たせる

さつまいもご飯

塩麹が米といもの
甘さを下支えします。
さつまいもご飯を
塩だけで調味したときより
味に奥行きが出るのが
わかります。

材料〈4人分〉

米……2合
水……2カップ
さつまいも……150g
塩麹(P24)……小さじ1
酒……少々

作り方

1 米はといで30分程度浸水させる。さつまいもは1cm角に切る。
2 土鍋に米を入れ、水を加えて、塩麹を溶き入れる(a)。
3 さつまいもを米の上に広げて炊飯し(b)、炊けたら酒をふりかけて蒸らす。

塩麹を入れて混ぜます。

point

土鍋がなくても、もちろん炊飯器で炊けます。作り方も土鍋と同じです。

豆腐でもご飯でも何にでも合う

きゅうりとオクラのネバネバ

山形県の「だし」風。
豆腐にのせても、
ご飯にのせてもOK。
白いご飯が飲み物のように
いくらでも入る万能メシとも。
暑い夏にどうぞ。

材料〈作りやすい分量〉

きゅうり……1本
なす……1本
オクラ……2本
（ゆでて細かく切る）
大葉……1枚
A
- しょうが汁……少々
- 出汁（昆布）……100ml
- 塩麹（P24）……小さじ2
- きざみ昆布（粉末昆布でも）……小さじ1
- 薄口しょうゆ……小さじ1

作り方

1 きゅうりは細かいさいの目切り、なすはきゅうりと同様に切り、水にさらした後、水けをきる。オクラはさっとゆでて細かく刻む。大葉はみじん切りにする。

2 Aを合わせ、小さじ2くらいのAで1のなすを洗い（a）、水分を絞る。

3 ボウルに刻んだ野菜を入れ、Aを少しずつ混ぜて、粘りが出たらストップする（b）。

なすの水分で味がぼやけるので、先に調味料をしみ込ませます。

彩り浅漬け

色とりどりの野菜を塩麹で漬けて

野菜は下ごしらえして
食べやすい大きさに
切って漬けると
なじみが早いですよ。
色が移らないものは
一緒に漬けてもOK。

材料〈作りやすい分量〉

かぶ……1玉
にんじん……1/4本
プチトマト……1/2パック
オクラ……6本
グリーンアスパラガス
……4〜5本
長いも……5cm
塩麹(P24)
……野菜の重さの5%

作り方

1 かぶとにんじんは皮をむいて半月切り、プチトマトはヘタを取り、つまようじで穴を数か所あける。オクラはガクを取り、アスパラガスは固いところを取り除いて斜め切りにし、それぞれさっとゆでる。長いもは皮をむいて半月切りにし、酢水にさらす。
2 保存袋にそれぞれ野菜を入れて(a)、重さの5%の塩麹を加える(b)。
3 冷蔵室で一晩漬けて出来上がり。

a
野菜を下ごしらえして保存袋に。

b

三五八を使った料理のコツ

塩麹に比べて水っぽくなく、ぱらぱらした特徴を活かして、特に炒め物、焼き物に活躍します。
三《さ》五《ご》八《はち》料理のコツとポイント、注意点をまとめました。

炒め物にも焼き物にも活躍する調味料

塩麹は水けがあるのに対し、三五八はぱらぱらしていて、水っぽくならず、炒め物や焼き物の調味に向いていています。三五八の炒め物といえばこれ！というほどおすすめなのが、「ゴーヤチャンプル（P104）」。仕上げに三五八で味つけするだけ。「しいたけの三五八にんにく炒め（P106）」も三五八をからめるだけですが、多少焦げてもかえって香ばしく、カリカリ食感も楽しめます。

ほかの調味料と一緒に使用するときは、調味料を吸って三五八にとろみがつき、素材同士のつなぎ役になることもあります。「三五八ラーパーツァイ風（P103）」では、三五八にとろみがつき、酢とごま油が全体によくなじんでいます。

三五八はトマトやたまねぎを追加してソースや調味料にするのもおすすめ。「三五八たまねぎ（P112）」はコンソメのような香りに。「三五八カリカリ（P114）」は食感が楽しめて、たれ、ドレッシングとして使えます。

肉、魚、野菜を漬けるなら素材の重さの10％の三五八で漬けるのが目安です。素材の水分を利用して漬けるので、塩麹より多めに使います。

調理のコツ・ポイント

炒め物の味つけに使うと水っぽくならずに仕上がります。塩麹同様、味を見ながら入れましょう。

三五八以外の調味料を入れる場合、三五八が調味料を吸ってとろみがつき、素材のつなぎ役になります。

三五八のアレンジ

三五八トマトソース

材料は、三五八＋トマト（もしくはトマト缶）→P110

↓

パスタソースはもちろん、パンにのせたり、はさんだりします。
→P110

三五八たまねぎ

材料は、三五八＋たまねぎ
→P112

↓

卵に混ぜて焼いたり、コンソメや出汁代わりに使います。
→P112

三五八カリカリ

材料は、三五八＋オリーブ油＋にんにく＋赤唐辛子 →P114

↓

野菜と和えてサラダにしたり、ご飯に混ぜたり、トッピングに。
→P114

炊飯器ひとつでできる
おかずに困ったときの時短料理

塩手羽大根

材料〈作りやすい分量〉

手羽先……4本
大根……6cm
にんにく……1片
三五八（P26）……手羽先、大根、にんにく、水の総量の3%
長ねぎ……1本

作り方

1 手羽先は切り分け、骨に沿って切り込みを入れる（a）
2 大根は3cm厚さの半月切りにする。にんにくは包丁の背でつぶす。
3 長ねぎ以外の材料を炊飯器の内釜に入れ、材料がつかる程度の水（分量外）を注ぐ（b）。
4 3の重さの3%の三五八を入れる（c）。
5 軽く混ぜて、炊飯スイッチを押す。
6 ざく切りにした長ねぎをフライパンで焼き、炊き上がった5と合わせる。

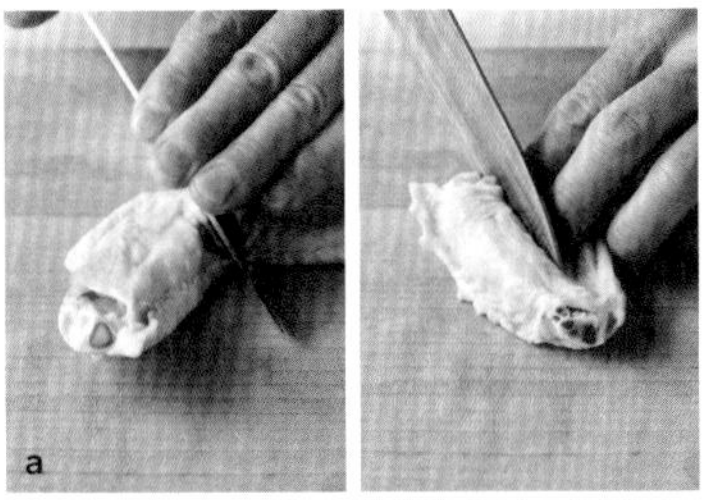

a
手羽先は、手羽中と先を切り分けて、手羽中に切り込みを入れます。

b
手羽先、大根、にんにく、水の総量の3%の三五八を入れるので、必ず計量します。

c

料理をしたくないけど
しなきゃいけないときに作る
炊飯器でできる時短料理。
鶏肉と三五八は相性抜群です。
長ねぎは一緒に炊いてもOK。
大根の代わりにごぼうや
にんじんを入れても。

余熱で火を通して
ふっくら柔らかに
仕上げて

鶏ささみ オイル煮

ほぐしてチャーハンに
入れても、パンにはさんで
サンドイッチにしても
おいしいですよ。
マグロで作ると
ツナになります。

材料〈作りやすい分量〉

鶏ささみ……3本
水……40ml(かぶる程度)
A
オリーブオイル……20ml
三五八(P26)……大さじ1/2
にんにく(つぶす)……1片
赤唐辛子……1本

作り方

1 ささみはスジを取る(a)。
2 スキレットに1と水、Aを入れる(b)。肉の表面が白くなるまで煮て、火を止めて余熱で中まで火を通す。

point

ささみは、火を止めて余熱でじっくり火を通していきます。

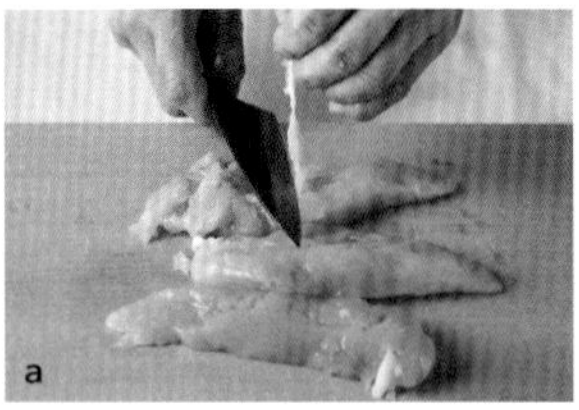

a

b

水はささみがかぶる程度に。

三五八が
素材のつなぎ役

三五八
ラーパーツァイ風

ラーパーツァイは
中国のピリッと辛い
白菜の甘酢漬けですが、
少しアレンジしました。
長ねぎのえぐみを三五八が
解消して米のとろみがつき、
酢とごま油が
よくなじみます。

材料〈作りやすい分量〉

長ねぎ……1本
しょうが……10g
三五八(P26)……大さじ1
酢……小さじ1
ごま油……小さじ1
炒りごま(白)……適量

作り方

1 長ねぎは斜め薄切りにし、しょうがはせん切りにする。
2 フライパンに少量のこめ油(分量外)を熱し、長ねぎとしょうがを炒め、三五八を加えてさらに炒める(a)。
3 火を止め、熱いうちに酢とごま油をまわしかける(b)。仕上げに炒りごまをふる。

a

b

火を止めたらすぐに加えます。

三五八は炒め物が得意。特におすすめはこれ！

ゴーヤチャンプル

ゴーヤの苦みは砂糖と塩でもむとやわらぎ、ゴーヤが苦手な人でも食べやすくなります。

材料〈作りやすい分量〉

ゴーヤ……1/2本
砂糖……小さじ1
塩……小さじ1/4
豆腐（木綿、厚揚げでも）……1/2丁（200g）
豚ばら薄切り肉……100g
三五八（P26）……大さじ1〜2
溶き卵……1個分
こめ油……適量

作り方

1 ゴーヤは種とワタを取り、3mm幅に切る。砂糖と塩でもんで苦みを抜き、しんなりしたら水分をしっかり絞る（a）。豆腐は1cm程度の厚さに切り、水けをきる。豚肉は食べやすい大きさに切る。
2 フライパンに油を熱し、豆腐を入れて表面を焼き（b）、取り出す。
3 2のフライパンに油を熱し、豚肉を入れて炒め（c）、取り出す。
4 3のフライパンにゴーヤを入れて炒める。豆腐と豚肉を戻し入れて、三五八で調味する（d）。
5 溶き卵をまわし入れ（e）、さっと炒め合わせる。

三五八の炒め物の定番。
何と炒めてもびっくり
するほど甘みとうま味、塩味が
つきますが、これは特におすすめ。
素材をそれぞれ炒めるのは
少し手間がかかりますが、
おいしく仕上げる
コツです。

簡単なのに
おいしいおつまみ

しいたけの三五八にんにく炒め

朝市で1袋100円で
買ったしいたけ。
夜のビールのおつまみに
三五八とからめるだけ。
簡単なのに
お酒がすすみます。

材料〈2人分〉

しいたけ……小6枚
三五八(P26)……大さじ1/2
にんにく(スライス)
……7〜8枚
こめ油……10g
柑橘(柚子やカボスなど)
……適量

作り方

1 フライパンに油、にんにくを入れ、火にかける(a)。
2 にんにくの香りがしてきたらしいたけ(軸を取る)を入れて焼き、しんなりしてきたら三五八をからめる(b)。
3 器に盛り、柑橘を搾る。

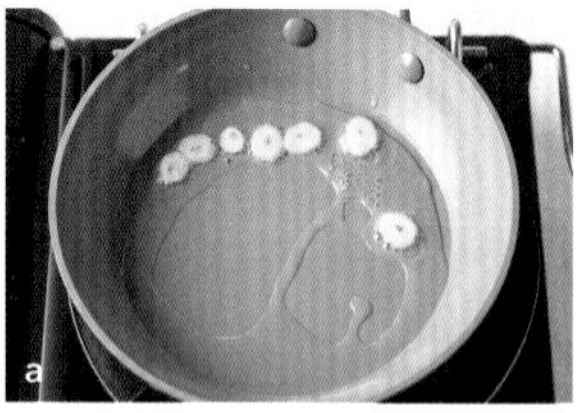

にんにくの香りが出るまで待ちます。

よく冷やして
食欲の出ない
熱い夏の一品に

まるごとトマトの漬け物

見た目もインパクト
があり、味はイタリアン！
三五八は国境を超えます。
夏の熟したトマトで作ると
極上のおいしさに。

材料〈2人分〉

トマト……2個
アボカド……1個
レモン汁……適量
三五八(P26)……15g
にんにく(みじん切り)
……1/2片分
オリーブ油……70g
粗びき黒こしょう……適量

作り方

1 トマトは湯むきし(a)、アボカドは1cm角に切ってレモン汁をかけ、色止めする(b)。
2 すべての材料をボウルに入れてからめる。
3 ラップをして冷蔵室で半日から1日漬ける。

a

熱湯にさっと通し、水に取ります。

b

いろいろ野菜を入れて
体をいたわる一杯に

和風ミネストローネ

野菜は食べやすいように、ごぼうとセロリ、にんにく以外はすべて1cm角に切ります。

材料〈4人分〉

トマト……1/2〜1個
ごぼう……1/2本
れんこん……50g
パプリカ（赤・黄）……各1/4個
長ねぎ……1/2本
セロリ……1/4本
ベーコン……25g
にんにく（みじん切り）……1/2片分
オリーブ油……適量
水……800ml
三五八（P26）……大さじ1

作り方

1 トマト、れんこん、パプリカ、長ねぎ、ベーコンは1cm角に切り、ごぼう、セロリは薄切りにする（a）。
2 鍋にオリーブ油を熱し、にんにくとベーコンを炒める（b）。
3 トマトと長ねぎ以外の野菜と水を入れて（c）、火が通ったらトマトと長ねぎ、三五八を加える（d）。ひと煮立ちしたら出来上がり。

家族が風邪をひくと
このミネストローネを
作ります。
カボチャでもきのこでも、
何を入れてもおいくなるし、
野菜がたっぷりで
胃腸に負担が少ないから。

Arrange 1

米食中心のわが家のパンメニュー

三五八トマトソースホットサンド

材料〈1人分〉

食パン(8枚切り)……2枚
バター……小さじ1程度
三五八トマトソース
……大さじ1〜2
※三五八トマトソースの作り方は右を参照。
ホワイトマッシュルーム
(生・薄切り)……1個分
ツナ……1/6缶程度(10g)
ピザ用チーズ
……15〜20g(お好みで)

作り方

食パンにバターを塗り、三五八トマトソースを塗って、マッシュルームとツナ、チーズをのせる(a)。もう1枚のパンではさんで、ホットサンドメーカーでチーズが溶けるまで焼く(オーブントースターで焼いてもよい)。

a

Arrange 2

味噌を加えるとやさしく奥深い塩味に

三五八トマトソースパスタ

材料〈2人分〉

ウインナーソーセージ(斜め薄切り)……90g
たまねぎ(薄切り)……1個分
ピーマン(細切り)……1個分
しめじ(ほぐす)……1/2パック
にんにく(みじん切り)……1/2片分
三五八トマトソース……大さじ4
※三五八トマトソースの作り方は右を参照。
味噌(P22)……大さじ1
パスタ……200g
オリーブ油……大さじ2

作り方

1 フライパンにオリーブ油を熱し、にんにく炒めてからウインナーと野菜を炒め、三五八トマトソースを加えて炒め合わせる(a)。
2 味噌で味を調える(b)。
3 ゆでたパスタにからめる。

a

b

トマト缶で手軽に。
トマトがたくさんとれたときに作って保存しても

三五八トマトソース

材料〈作りやすい分量〉

カットトマト缶……1缶(400g)
三五八(P26)……20g

作り方

1 鍋でトマト缶を煮詰める(a)。
2 1が半分くらいになったら三五八を入れてひと煮立ちさせる(b)。常に弱火で煮る。

a

b

memo ケチャップのように使います。熱いうちに煮沸消毒した瓶に入れて3か月もちます。トマトなら3個(500g)、三五八20gで作ります。

鈴木家は米食が多いのですが、パンが食べたくなると、
このメニューが喜ばれます。ホットサンドがおすすめ。

三五八トマトソースだけでもおいしいですが、味噌を加えることでグッと深みが増します。
ぜひ、パスタに味噌、お試しください。

炊飯器で手間いらず。
短時間で完成

三五八たまねぎ

材料〈作りやすい分量〉

たまねぎ……250g（1個程度）
三五八（P26）……100g

作り方

1 たまねぎはすりおろす。
2 三五八とたまねぎを炊飯器で2時間程度保温（58〜63℃の間）する（a）。

保温温度をキープするには、甘さけの作り方（P28）を参照。

memo 「たまねぎの甘さけ」を作るようなイメージです。たまねぎの香りからコンソメのような香りに変化します。

Arrange 1

たまねぎがポイントの少し洋風な味わい

三五八たまねぎ卵焼き

材料〈作りやすい分量〉

卵……2個
三五八たまねぎ……小さじ2
※三五八たまねぎの作り方は右を参照。
砂糖……小さじ2
こめ油……適量

作り方

1 ボウルに油以外の材料を入れて混ぜる（a）。
2 卵焼き器に油を熱し、1を流し入れて（b）、火加減に気をつけながら厚焼き卵を焼く。

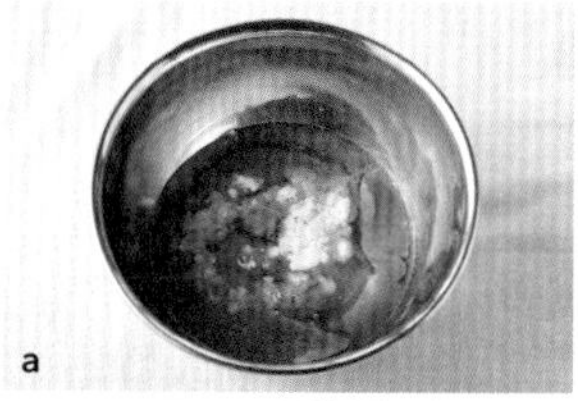

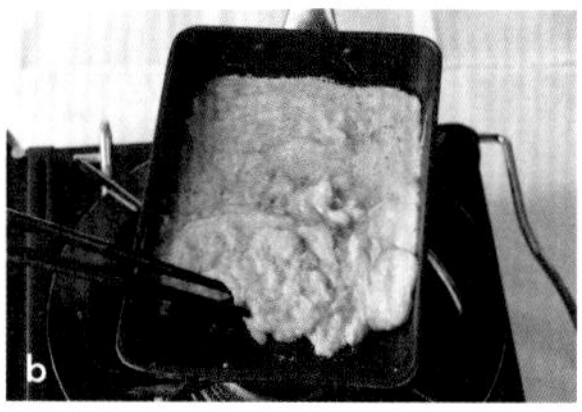

卵液は全量流し入れて焼きます。何回かに分けなくても大丈夫。

Arrange 2

重ねて切って詰めるから見た目より簡単

三五八たまねぎのミルフィーユ蒸し

材料〈4人分〉

豚ばら薄切り肉
……300〜400g
白菜……1/2株
三五八たまねぎ……大さじ4
※三五八たまねぎの作り方は右を参照。
水……大さじ4

作り方

1 三五八たまねぎは水で溶いておく。
2 白菜と豚肉を交互に重ねて（a）、3cm幅に切る（b）。
3 鍋に2をぎゅうぎゅうに詰める（c）。1を入れてふたをし、蒸し煮にする。

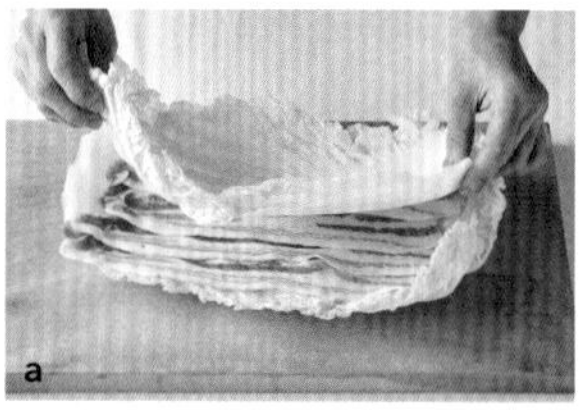

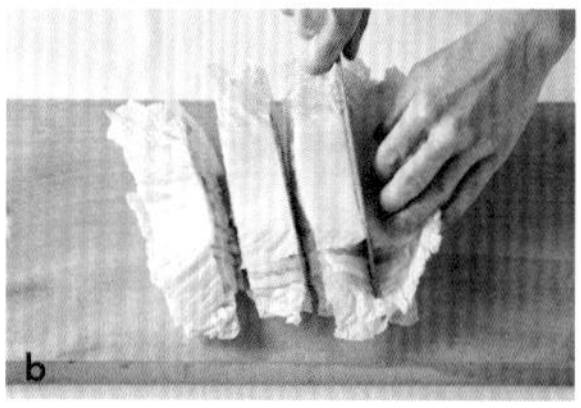

いつもの卵焼きがちょっとリッチな味になります。少し焦げやすいので
火加減に気をつけて焼いてください。冷めてもおいしいからお弁当に。

和とも洋ともつかない、やさしい塩加減に。豚肉のうま味も出て
いっぱい食べちゃいます。肉と白菜を重ねて切って詰めていきます。

三五八カリカリ

麹のカリカリが味と食感のアクセントに

材料〈作りやすい分量〉

三五八(P26)……大さじ4
オリーブ油……100ml
にんにく……スライス4〜5枚
赤唐辛子……1本

作り方

1 すべての材料をフライパンに入れて火にかける(a)。
2 へらで混ぜながら、完成前に火を止め余熱で火を通す(b)。

このくらいの色になったら完成。

memo 鶏ハム(P56)や蒸し鶏、薄味で仕立てた魚のソテー、生野菜サラダ、卵かけご飯などにのせて。冷蔵で1か月保存可能。

Arrange 1

春菊はサラダがおいしい!

三五八カリカリ春菊サラダ

材料〈1人分〉

春菊……1/4袋
三五八カリカリ……小さじ2
※三五八カリカリの作り方は右を参照。

作り方

ざく切りにした春菊に三五八カリカリをかけて(a)、和える(b)。

三五八カリカリは油ごとすくって。

Arrange 2

米に米を混ぜて握っただけなのに…

三五八カリカリおむすび

材料〈2個分〉

温かいご飯……茶碗2杯分
三五八カリカリ……小さじ2
※三五八カリカリの作り方は右を参照。

作り方

ご飯に三五八カリカリをかけ(a)、混ぜて(b)、半量ずつ握る。

三五八カリカリは油をきって。

春菊はサラダにするととてもおいしい野菜。三五八カリカリで和えると
おいしすぎて春菊が大好きになること間違いなしです。

結局、米に米を混ぜて握ったおむすびなんです。なのに、カリカリのアクセントと
ほどよい塩味、主張しすぎないにんにくの香りが新感覚のおいしさ。

甘さけを使った料理のコツ

砂糖の甘さでなく、米麹のやさしい甘さが料理の味をすっきり、マイルドに仕上げます。甘さけ料理のコツとポイント、注意点をまとめました。

やさしく自然な甘み 砂糖代わりに使える

酒粕が原料の甘酒はアルコール分が含まれていますが、米麹が原料の甘さけにはアルコール分が含まれていないので、料理の調味料にも安心して使えます。

自然な甘みが特徴なので、砂糖代わりに煮物に入れるといいでしょう。肉じゃがを甘さけで調味した「甘さけ肉じゃが（Ｐ１２０）」は、やさしくすっきりとした味わいに。わが家のすき焼きは豚肉ですが、この味つけに甘さけを使います。甘さけ、しょうゆ、出汁を合わせた割り下は和食の味つけにとても重宝します。牛丼や鶏の照り焼き、きんぴらなどで試してみてください。

秋田の漬け物といえば、「いぶりがっこ」が有名ですが、「大根のなた漬け（Ｐ17）」も代表的な漬け物の１つ。大根の下漬けには酢、砂糖、塩を使い、甘さけで漬けてやさしい甘さにします。ピクルス液に甘さけを使うのもおすすめ。「甘さけピクルス（Ｐ１２２）」。

本書で紹介している甘さけは、料理に使いやすいように濃く甘いのが特徴の「かた甘さけ」です。そのまま食べてもおいしいですが、飲むときは同量の水で割ると飲みやすいです。冷たいままでも、温めてもおいしいです。水の代わりにソーダで割っても合います。

トマトやいちごなど酸味のある野菜やフルーツにも合うので、砂糖やソース代わりに使うといいでしょう。

調理のコツ・ポイント、効果

砂糖に代わる調味料として使えます。煮物ならやさしい甘さになり、しつこくありません。

甘さけ、しょうゆ、出汁を合わせた割り下は和食の味つけに便利です。

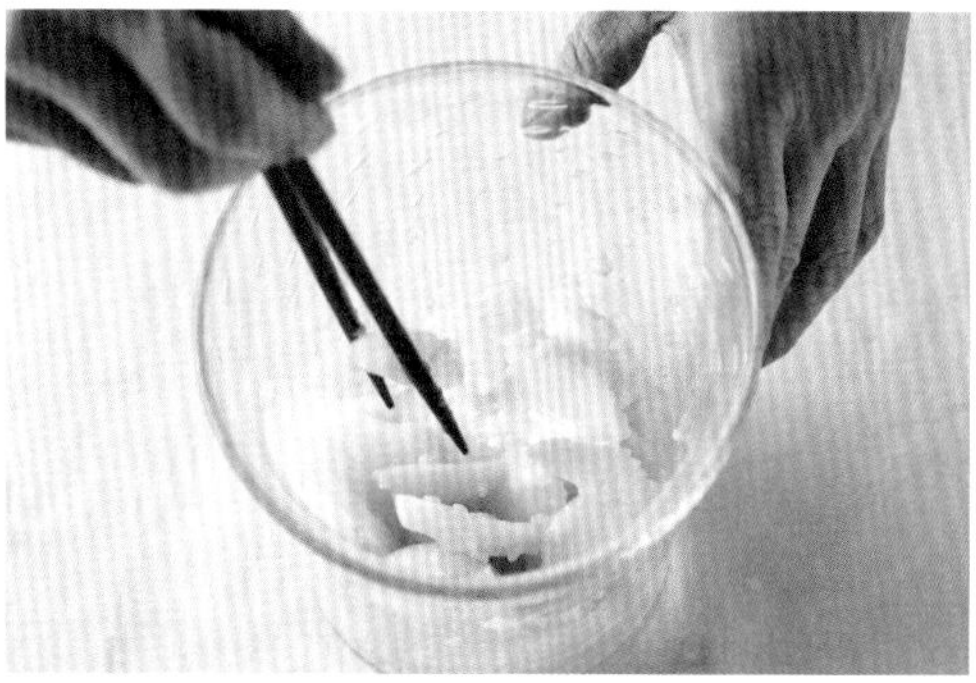

なた漬けの大根は酢、砂糖、塩で下漬けし、甘さけで漬けます。やさしい甘さの漬け物になります。

トマトやいちご、キウイフルーツ、オレンジなど酸味のある野菜や果物と相性がよく、ほどよい甘さに。

飲むときは同量の水で割ってどうぞ！

かた甘さけは同量の水で割ると、ちょうど飲みやすい甘さけに。出来立てはまた格別です。

甘さけは、米麹ともち（もしくはもち米）と水で作りますが、出来上がるまで3時間、約60℃で保温し続けます。そのため出来立ての甘さけはほんのり温かいです。手作りでしか味わえない出来立ての甘さけを味わってほしいものです。

調味料として作られた「かた甘さけ」は、飲むには少々濃度が高めです。甘さけと同量の水を加えて、鍋で溶かしながら温めると、ちょうど飲みやすい甘さけになります。

甘さけの割り下で作る
豚肉のすき焼き

甘さけ豚すき

a

b

わが家のすき焼きは豚肉ですが、もちろん牛肉でもおいしくできます。

c

d

材料〈2人分〉

豚肩ロース肉（薄切り）……200g
えのきだけ……1/2袋（100g）
しいたけ……4枚
長ねぎ……1本
白菜……2枚
春菊……適量
豆腐（木綿）……1/2丁（200g）
A 甘さけ（P28）……200ml
　しょうゆ……100ml
　出汁（昆布）……100ml
こめ油……適量
卵……2個

作り方

1 えのきだけは食べやすく分け、しいたけは飾り切りをする。長ねぎは3cm長さの斜め切り、白菜と春菊は食べやすい大きさに切り、豆腐は4等分に切る。
2 Aを合わせておく（a）。
3 鍋に油を熱し、豚肉を広げて火を通す（b）。
4 野菜と豆腐を入れ（c）、2をまわしかけ（d）、ふたをして野菜に火が通るまで煮る。
※溶き卵につけて食べる。

memo 甘さけ、しょうゆ、出汁で作るすき焼きの割り下は、和食の味つけにも便利です。

すき焼きといえば、
鈴木家では豚肉。
秋田でもすき焼きは牛肉、
というご家庭はあるかも
しれませんが、
豚肉はよく食べられます。
甘すぎない、やさしさ100%
のすき焼きです。

甘さけ肉じゃが

しつこくなく
すっきりとした甘さの煮物

グツグツ煮えてきたら、しょうゆを入れます。甘さけと分けて入れるのがポイント。

材料〈作りやすい分量〉

豚ばら薄切り肉……400g
じゃがいも……4個
たまねぎ……2個
にんじん……少量
しらたき……適量
こめ油……適量
出汁(昆布)……300ml
甘さけ(P28)……200ml
しょうゆ……100ml
きぬさや……5枚

作り方

1 豚肉は食べやすい大きさに切り、じゃがいもは1個を3等分に切る。たまねぎはくし形切り、にんじんは乱切りにする。しらたきは下ゆでしておく。
2 鍋に油を熱し、豚肉とじゃがいもを炒める(a)。
3 豚肉にさっと火を通したら、たまねぎとにんじん、しらたきを加え(b)、出汁と甘さけも加える(c)。
4 じゃがいもに火が通ったらしょうゆを加えて(d)、さらに2〜3分煮る。
5 器に盛り、ゆでたきぬさやを散らす。

甘さけは煮物の
調味料に最適。
甘さけで作る肉じゃがは
甘すぎない上品な味に。
重くなりがちな煮物も
食べやすいおかずに
仕上がります。

いぶりがっこが香りのアクセントに 甘さけピクルス

秋田の漬け物といえば、いぶりがっこ。いぶりがっこの薫香とほんのりやさしい甘さの甘さけのピクルス液で漬けます。

材料〈作りやすい分量〉

野菜(ミニトマト、きゅうり、にんじん、たまねぎ、ゆでたカリフラワーなど好きなもの)……適量

•ピクルス液

甘さけ(P28)……150ml
塩……25g
砂糖……75g
酢……90ml
水……220ml
にんにく……1個(つぶす)
粗びき黒こしょう(粒)……5~6粒(軽く炒る)
いぶりがっこ(輪切り)……20g

鍋ぶちが焦げやすいので注意。

作り方

1 ピクルス液の材料を鍋に入れ、甘さけの米麹の粒が焦げないようにかき混ぜながらひと煮立ちさせる(a)。

2 野菜を食べやすい大きさに切り、保存容器に入れ、1を注ぐ(b)。冷蔵室で一晩から二晩漬ける。※冷蔵で1か月くらい保存可能。

伝統の漬け物を
作りやすくアレンジ

大根のなた漬け風

この「大根のなた漬け風」は
「くらをのなた漬け」を
アレンジしたものです。
なた漬けを少量で
気軽に食べられるレシピに
改良しました。

材料〈作りやすい分量〉

大根……1/3本(300g)
甘さけ(P28)……80ml

A
酢……10g
砂糖……15g
塩……10g

作り方

1 大根は皮をむいて乱切りにし(a)、保存瓶に入れてAを合わせてかけ、600g(大根の倍の重さ)の重石をのせて(b)、冷蔵室に一晩から二晩おく。
2 1をざるに上げ、大根の水分を絞る(c)。
3 2を瓶に戻して甘さけをからめ(d)、150g(大根の重さの半分)の重石をのせて冷蔵室に一晩おく。
※重石はペットボトルに水を入れて代用しても。

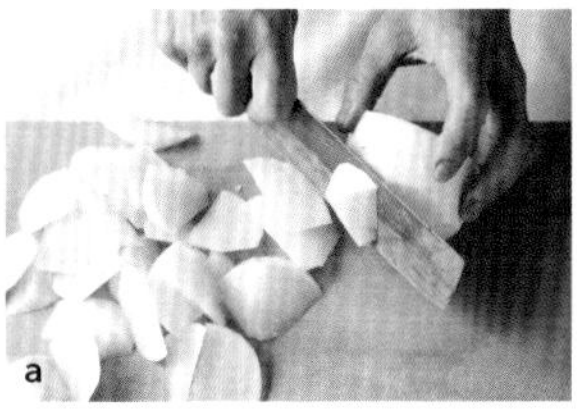
a
味がしみるように繊維を断ちます。

b
1回目は大根の倍の重さの重石を。

c

d

完熟トマトの酸味と
甘さけの甘みが
絶妙にマッチ

甘さけトマトドリンク

完熟トマトが
おすすめですが、
季節の好きな果物で
試してみてください。
やさしい甘さと
野菜や果物の
酸っぱさが絶妙！

材料〈2杯分〉

完熟トマト……1個
甘さけ(P28)……50ml
水……50ml

作り方

1 トマトはよく洗い、ざく切りにしてジューサーで液状にする(a)。
2 甘さけに水を加えて、よく混ぜ、グラスにそそぐ。
3 1を2の上にそっと注ぐ(b)。

ざく切りにしてジューサーへ。

甘さけソーダ

見た目もさわやか
夏にピッタリの一杯

ジャムは季節のもので
酸味のあるものが合います。
比重の重いものから入れると
見た目もきれいです。
逆に軽いものから入れると
混ぜやすくなります。

材料〈1杯分〉

ジャム(木いちご、梅、
ブルーベリー、りんごなど)
……大さじ2
甘さけ(P28)……50ml
炭酸水……100ml
氷……適量

作り方

グラスにジャムを入れ(a)、甘さけを入れる(b)。氷を入れて炭酸水を注ぐ。

飲むときに混ぜてどうぞ。

a

ジャムはお好みのものでOK。

b

甘さけとミルクの相性がとてもいい

甘さけ ミルク寒天

粉寒天をしっかり
溶かすのがなめらかに
仕上げるコツ。
甘みがほしいときは
甘さけをとろりと
かけても。

材料〈作りやすい分量〉

甘さけ(P28)……200ml
牛乳……150ml
塩……ひとつまみ
水……150ml
粉寒天……4g
いちご……5〜6個

作り方

1 鍋に水と粉寒天入れて火にかけ、混ぜながら少しずつ溶かす。沸騰後も混ぜ続け、弱火で2分ほど煮てよく溶かす(a)。
2 甘さけと牛乳、塩を混ぜ合わせ、1に静かに注いで(b)、よく混ぜる。
3 水で濡らした型に2を注ぐ(c)。
4 冷蔵室で冷やして全体が固まったら、器に盛り、薄切りにしたいちごを飾る。

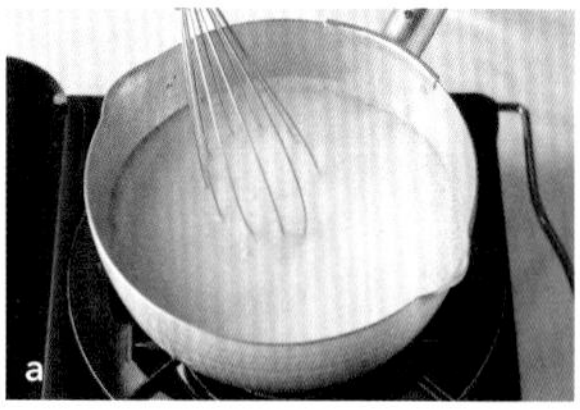
a

b

c

a. 粉寒天をしっかり溶かします。**b.** 甘さけと牛乳を合わせてから加えます。**c.** 流し缶は手持ちのもので。なければバットでもOKです。

著者紹介

鈴木百合子（すずき　ゆりこ）

羽場こうじ茶屋「くらを」店主

１９７３年秋田県横手市増田町生まれ。大正７年創業、羽場こうじ店の４人きょうだいの次女として育つ。学生時代はアルペンスキーの強化選手として日本一を目指す。短大卒業後、スポーツ関係の会社に就職。結婚、出産を経て、２０１０年夫と息子の家族３人で増田町に戻る。２０１３年羽場こうじ茶屋「くらを」をオープン。現在は10周年を迎えた「くらを」を切り盛りしながら、両親、夫と羽場こうじ店を営む。

羽場こうじ茶屋「くらを」
https://www.instagram.com/kurawo3710/

羽場こうじ店
https://habakojishop.handcrafted.jp/

インスタグラム
https://www.instagram.com/yuriko_misoup73/

増田町は「蔵のある町」と呼ばれ、２０１３年に国の重要伝統的建造物群保存地区に選定された美観地区。「くらを」はその一角に店舗を構える。

出版スタッフ
デザイン／植草可純、前田歩来（APRON）
撮影／福井裕子（P43は鈴木百合子）
料理アシスタント／大関好子、後藤明美（羽場こうじ茶屋「くらを」）
校正／関根志野
企画・構成／時政美由紀（マッチボックス）
編集／端香里（朝日新聞出版　生活・文化編集部）

Special thanks
佐藤勉（秋田今野商店）
岩村優幸（岩村建匠）
後藤信子（旅籠屋いろり）
増田の朝市の皆さん
鈴木雅秀、鈴木礼央（羽場こうじ店）

おいしい発酵《はっこう》レシピ
いつもの台所《だいどころ》に麹《こうじ》のある暮《く》らし

著者　鈴木百合子
発行者　片桐圭子
発行所　朝日新聞出版
〒一〇四－八〇一一　東京都中央区築地五－三－二
（お問い合わせ）infojitsuyo@asahi.com
印刷所　図書印刷株式会社

Published in Japan by Asahi Shimbun Publications Inc.
ISBN 978-4-02-333398-7
定価はカバーに表示してあります。
落丁・乱丁の場合は弊社業務部（電話〇三－五五四〇－七八〇〇）へご連絡ください。
送料弊社負担にてお取り替えいたします。